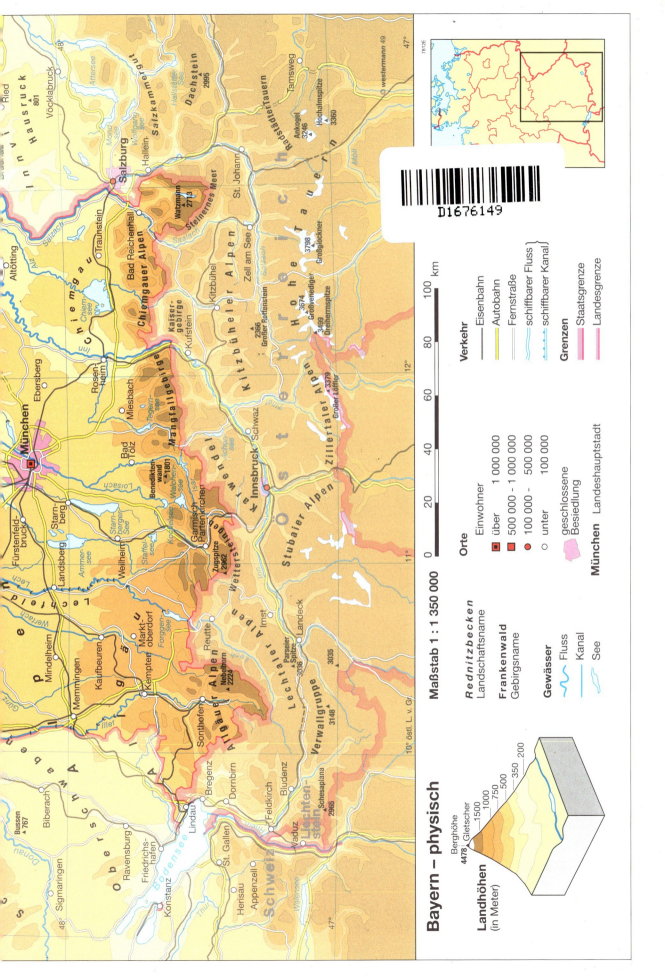

DIERCKE ERDKUNDE

für Gymnasien in Bayern

5

Herausgeber:
Wilfried Büttner, Stein
Bernd Michael Lipke, Passau
Werner Eckert-Schweins, Ingolstadt

Autoren:
Dr. Hans Dimpfl, Erlangen
Klaus Hähnel, Mintraching
Dr. Claus Kappl, Waldkirchen
Gerlind Köster, Mainburg
Hans Müller, Fürth
Claudia Reichmann, Ingolstadt
Thomas Seidl, Fürth
Christian Walenta, Unterschleißheim

Einband:
Blick auf München; im Hintergrund die Alpen

© 2005 Bildungshaus Schulbuchverlage
Westermann Schroedel Diesterweg
Schöningh Winklers GmbH, Braunschweig
www.westermann.de

Auf verschiedenen Seiten dieses Buches befinden sich Verweise (Links) auf Internet-Adressen.
Haftungshinweis: Trotz sorgfältiger inhaltlicher Kontrolle wird die Haftung für die Inhalte der externen Seiten ausgeschlossen. Für den Inhalt dieser externen Seiten sind ausschließlich deren Betreiber verantwortlich. Sollten Sie bei dem angegebenen Inhalt des Anbieters dieser Seite auf kostenpflichtige, illegale oder anstößige Inhalte treffen, so bedauern wir dies ausdrücklich und bitten Sie, uns umgehend per E-Mail unter *www.westermann.de* davon in Kenntnis zu setzen, damit beim Nachdruck der Verweis gelöscht wird.

Das Werk und seine Teile sind urheberrechtlich geschützt.
Jede Nutzung in anderen als den gesetzlich zugelassenen Fällen bedarf der vorherigen schriftlichen Einwilligung des Verlages.
Hinweis zu § 52a UrhG: Weder das Werk noch seine Teile dürfen ohne eine solche Einwilligung gescannt und in ein Netzwerk eingestellt werden.
Das gilt auch für Intranets von Schulen und sonstigen Bildungseinrichtungen.

Druck A^5 / Jahr 2011
Alle Drucke dieser Auflage können im Unterricht parallel verwendet werden.

Verlagslektorat: Brigitte Mazzega, Dirk Fochler
Layout: Thomas Schröder
Herstellung: Gisela Halstenbach
Druck und Bindung: westermann druck GmbH, Braunschweig

ISBN 978-3-14-**114121**-4

Inhaltsverzeichnis

Erdkunde – mein neues Unterrichtsfach — 6
Erdkunde – die Erde erkunden 8
Unsere Klasse – bunte Welt 10
• *Geo-Methode:* Wir erkunden unsere Schule 12
Der neue Schulweg 14

Der Planet Erde — 16
Die Sonne und ihre Planeten 18
Grundlagen des Lebens auf der Erde 20
Der Aufbau der Erde 22
Kontinente, Ozeane und Hochgebirge 24
Blick in die Welt: Entdeckungsreisen 26
Orientierung im Gelände 28
Orientierung auf der Erde: das Gradnetz 30
• *Geo-Methode:* Mit dem Atlas arbeiten 32
Karte und Maßstab 36
Geo-Wissen 38

Naturräume in Bayern und Deutschland — 40
Die Großlandschaften Deutschlands 42
Blick in den Heimatraum: Spurensuche vor Ort ... 44
Die Alpen – aus der Tiefe aufgefaltet 46
• *Geo-Methode:* Höhenprofile zeichnen 48
Höhenstufen in den Alpen 50
Gletscher überformen die Alpen 52
Fremdenverkehr im Alpenraum 54
Blick in die Welt: Hochgebirge der Welt 56
Die Mittelgebirge – älter als die Alpen 58
Ist Deutschland ein Vulkangebiet? 60
Das Elbsandsteingebirge 61
Das Süddeutsche Schichtstufenland 62
Natur- und Nationalparks in Bayern 64
• *Geo-Methode:* Gesteine bestimmen 66
Das Norddeutsche Tiefland und seine Küsten 68
Gezeiten und Küstenschutz an der Nordsee 70
Das Wattenmeer – ein Naturraum und seine Gefährdung ... 74
• *Methode:* Ein Bild auswerten 78
Flusslandschaften 80
Geo-Wissen 82

Gesteine setzen sich aus kleinsten Bestandteilen, den **Mineralien**, zusammen.

Grundwissen, im Text fett gedruckt, findet man auch im Minilexikon.

www
Internet-Adressen zu den einzelnen Themen

Geo-Methode

Fächerverbindende Themen und Methoden

Ländliche Räume in Bayern und Deutschland 84
Der ländliche Raum und sein Wandel 86
Landwirtschaft in Deutschland 92
Ackerbau im Gäuboden 94
• *Geo-Methode:* Bodenproben untersuchen 96
Grünlandwirtschaft im Allgäu 98
Weinanbau in Franken 100
• *Geo-Methode:* Temperaturen und Niederschläge messen 102
Viehwirtschaft in Südoldenburg 104
Ökologische Landwirtschaft 106
Blick in den Heimatraum: Wir erkunden einen Bauernhof 108
Blick in die Welt: Lebensmittel aus aller Welt 110
Geo-Wissen 112

Städtische Räume in Bayern und Deutschland 114
Politische Gliederung und Verdichtungsräume 116
Merkmale einer Stadt 118
Stadtentstehung und Stadtentwicklung 120
Stadtviertel und ihre Nutzung 122
• *Geo-Methode:* Unterschiedliche Stadtviertel erkunden 124
Mobilität in der Stadt 126
Blick in den Heimatraum:
Wir führen eine Verkehrszählung durch 128
Landeshauptstadt München 130
Industrieller Wandel in Nürnberg 134
Die Stadt und ihr Umland 136
Freizeit und Erholung in der Stadt 138
Die Stadt als besonderes Ökosystem 140
Bundeshauptstadt Berlin 142
Blick in den Heimatraum:
Das Leben ausländischer Mitbürger 146
Blick in die Welt: Kinderalltag in anderen Regionen der Erde ... 148
Geo-Wissen 150

Anhang 152
Grundwissen im Minilexikon 152
Maße und Gewichte 157
Temperaturen und Niederschläge deutscher Wetterstationen 158
Bildquellenverzeichnis 160

Blick in die Welt

Blick in den Heimatraum

Geo-Wissen

Erdkunde –

mein neues Unterrichtsfach

M1 *Paris*

Erdkunde – die Erde erkunden

Was ist Geographie?

Erdkunde, wie man in der Schule sagt, heißt in der Wissenschaft *Geographie*. Dieses Wort kommt aus dem Griechischen und bedeutet so viel wie Beschreibung der Erde.

Die Geographen beschäftigten sich ursprünglich mit der Beschreibung von Ländern in aller Welt. In diesem Teilbereich der Erdkunde, der so genannten *Länderkunde*, erfährst du, wie die Menschen in verschiedenen Ländern und Regionen der Erde leben, arbeiten, sich versorgen und wohnen.

Im Erdkundeunterricht lernst du also viel über Bayern und Deutschland kennen, aber auch über ferne Länder.

Du betrachtest in der *Naturkunde* die Einzelelemente der Landschaft wie die Gebirge, den Boden oder die Gewässer genauer. Du erfährst aber auch, wie die Menschen diese Natur nutzen und verändern, indem sie Städte bauen oder Landwirtschaft betreiben. Das ist die *Kulturkunde*.

Der Erdkundeunterricht will dir somit helfen zu verstehen, wie Menschen in den verschiedenen Ländern der Erde sich der Natur anpassen, sie umgestalten, gefährden, aber auch schützen.

M2 *Erinnerungsfoto aus Kenia*

M3 *Reisernte in China*

Erdkunde – mein neues Unterrichtsfach

M4 *Niagarafälle an der Grenze zwischen den USA und Kanada*

M7 *Die Erdkunde*

M5 *In Brasilien*

M6 *Ayers Rock*

1 Ordne die Fotos einzelnen Kontinenten der Erde sowie Teilbereichen der Erdkunde zu.

M1 *Klassenfoto der 5c*

Wir sind klasse!

„Ich heiße Max und gehe seit einer Woche in die Klasse 5c des Gymnasiums. Ich bin der Junge, der auf dem Foto vor der Klasse liegt.
Damit wir uns besser kennen lernen, haben wir gestern im Erdkundeunterricht über unsere Heimat- und Geburtsorte gesprochen.
Ich bin in München, der bayerischen Landeshauptstadt, geboren. Monika, meine Banknachbarin, stammt aus einem Dorf im Süden Münchens. Abdelhakim konnte viel von seinem Geburtsort in Nordafrika berichten. Angie schilderte uns interessante Dinge aus ihrer fernen afrikanischen Heimat, die uns völlig unbekannt waren.
Was kannst du über deinen Heimat- oder Geburtsort erzählen?"

Unsere Klasse – bunte Welt

ⓐ „Ich stamme aus einem kleinen Dorf in der Ukraine, meinem Heimatland. Rings um unser Dorf gibt es Getreidefelder, so weit das Auge reicht. Mein Vater fuhr dort einen großen Mähdrescher."

ⓑ „Wenn es in Deutschland richtig kalt und nebelig ist, dann muss ich oft an mein Heimatland in Westafrika denken. Dort scheint fast immer die Sonne und das ganze Jahr über ist die Luft feucht und heiß. Deshalb gibt es da auch Regenwälder mit besonderen Tieren und Pflanzen."

ⓒ „Mein Dorf liegt im Alpenvorland. Wir schmücken die Fenster unseres Hauses mit Blumenkästen. In der Mitte unseres Ortes liegt ein wunderschöner Platz mit einem plätschernden Brunnen."

ⓓ „Ich kenne Griechenland nur noch von den Besuchen bei Oma und Opa. Meine Großeltern leben in einem kleinen Dorf auf der Insel Kreta. Unter ihren Olivenbäumen halten sie Schafe und Ziegen."

ⓔ „Als ich klein war, wohnten wir in Istanbul. In unserer Nähe war eine riesige Moschee. Abends gingen wir oft auf den Basar. Dort gibt es zahllose kleine Geschäfte, die vielfältige Waren anbieten."

ⓕ „Der Nil ist der größte Fluss meines Heimatlandes. Entlang des Flusses bewässern die Bauern ihre Baumwollfelder. Vom Haus meiner Eltern in Gise konnten wir die Pyramiden sehen."

Erdkunde – mein neues Unterrichtsfach

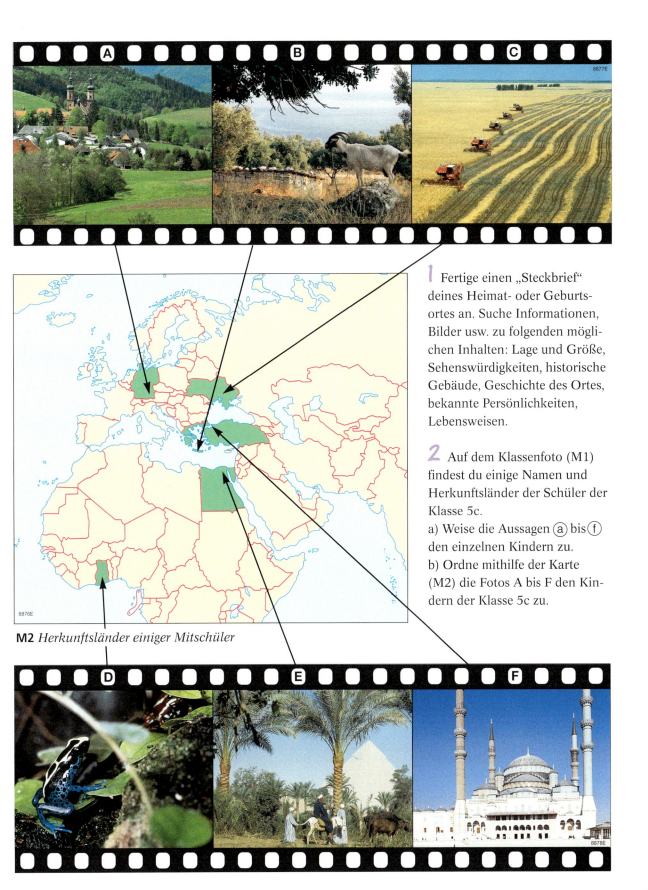

1 Fertige einen „Steckbrief" deines Heimat- oder Geburtsortes an. Suche Informationen, Bilder usw. zu folgenden möglichen Inhalten: Lage und Größe, Sehenswürdigkeiten, historische Gebäude, Geschichte des Ortes, bekannte Persönlichkeiten, Lebensweisen.

2 Auf dem Klassenfoto (M1) findest du einige Namen und Herkunftsländer der Schüler der Klasse 5c.
a) Weise die Aussagen ⓐ bis ⓕ den einzelnen Kindern zu.
b) Ordne mithilfe der Karte (M2) die Fotos A bis F den Kindern der Klasse 5c zu.

M2 *Herkunftsländer einiger Mitschüler*

GEO-METHODE • GEO-METHODE

Wir erkunden unsere Schule

Direktorat, Sekretariat, Lehrerzimmer, Aula, Erdkunderaum, Computerraum, Musiksaal – mehrere Gebäude und Pausenhöfe, verschiedene Stockwerke, viele Gänge, Gruppenräume, Klassenzimmer und Fachräume hat das neue Gymnasium. Damit ihr euch in der neuen Schule besser zurechtfindet, könnt ihr Orientierungsspiele machen und Leute befragen, die an der Schule arbeiten.

Eine Rallye durch die Schule

Vorbereitung: Die Spiel- und Verhaltensregeln werden auf einem Merkblatt festgelegt. Es werden Teams mit jeweils zwei bis vier Schülern gebildet.

Material: Grundriss der Schule, Schreibzeug, Merkblatt, Fragebogen.

Durchführung: Die Teams lösen die Aufgaben des Fragebogens.

Auswertung: Für jede richtige Antwort gibt es einen Punkt. Die Gruppe mit den meisten Punkten gewinnt.

Aufgabe 1: Wendet euch vor dem Klassenraum nach Westen.
– Welchen Fachraum findet ihr nach dem Treppenaufgang?
– Notiert drei Arbeitsmittel in diesem Raum.

Aufgabe 2: Geht in westlicher Richtung weiter.
– Wie heißt der nächste Fachraum?
– Wie viele Computer stehen in diesem Raum?

Aufgabe 3: Am Ende des Ganges findet ihr den Kiosk der Schule.
– Wann ist der Kiosk geöffnet? Schreibt fünf Dinge auf, die ihr dort kaufen könnt.

Aufgabe 4: Geht nun auf den Pausenhof I.
– Zeichnet in euren Plan alle Papierkörbe ein, die ihr auf dem Pausenhof findet.

Aufgabe 5: Verlasst den Pausenhof in südöstlicher Richtung.
– Wie heißt der große Raum, in dem ihr euch befindet?
– An welcher Stelle findet ihr den Vertretungsplan?

Aufgabe 6: An der Südseite der Schule liegen die Räume von Schulleitung und Sekretariat.
– Erkundigt euch, wie viele Schüler die Schule hat.

M1 *Beispiel eines Fragebogens*

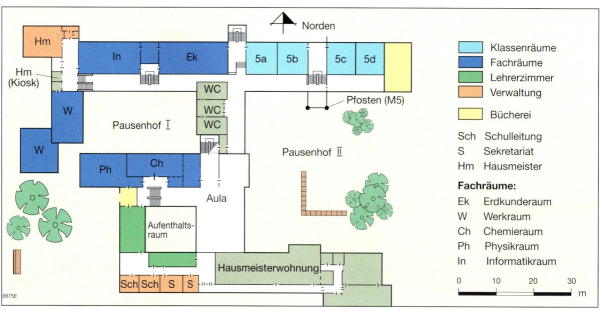

M2 *Grundriss vom Erdgeschoss einer Schule (Ausschnitt)*

GEO-METHODE • GEO-METHODE

Wir befragen Menschen, die an unserer Schule arbeiten

Möchtet ihr etwas über die Arbeit der Schulleitung, des Hausmeisters, der Lehrer sowie der Sekretärin erfahren? Dann befragt die entsprechenden Personen.

„Ich bin seit acht Jahren an der Schule. Die Arbeit macht Spaß, ist aber auch anstrengend. Ich bin Ansprechpartnerin für alle Lehrerinnen und Lehrer, Schülerinnen und Schüler. Eine meiner Hauptaufgaben ist die Durchführung des Schriftwechsels für die Schulleitung und die Beantwortung oder Weiterleitung von Telefonaten."

Inge Neumann
Beruf: Schulsekretärin

M3 *Beispiel für ein fertiges Plakat*

Vorbereitung: Entscheidet euch, wen ihr befragen wollt. Stellt eine Liste mit Fragen zusammen.

Material: Fragebogen, Schreibzeug und Fotoapparat.

Durchführung: Jeweils zwei bis vier Schüler führen die Befragung durch. Die Antworten werden notiert.

Auswertung: Es werden Plakate mit Fotos und den wichtigsten Ergebnissen der Befragung gestaltet.

Schatzsuche

Wir machen eine „Schatzsuche". Die Klasse teilt sich in mehrere Gruppen. Jede Gruppe wählt einen Gegenstand auf dem Schulgelände als „Schatz" aus.
Eine Gruppe hat sich für die Tischtennisplatte entschieden. Sie zeichnet eine „Schatzkarte". Das ist ein Grundriss, auf dem die Stelle angekreuzt wird, an der sich die Tischtennisplatte befindet. Dann tauschen die Gruppen die Schatzkarten innerhalb der Klasse aus und gehen auf die Suche.

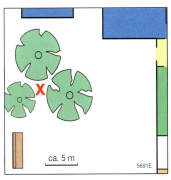

M4 *Schatzkarte*

Fotosuchspiel

Unser Erdkundelehrer hat in der neuen Schule verschiedene Stellen fotografiert. Sie sind nicht leicht zu finden – entweder weil das Foto einen kleinen Teil groß zeigt oder weil auf die Stellen kaum jemand achtet.
Nun sollen die Schüler herausfinden, wo die Fotos gemacht wurden.
Ihr könnt das Suchspiel auch selbst für andere Klassen organisieren: Fotografiert Einzelheiten an eurer Schule, stellt die Bilder aus und lasst die Stellen suchen.

M5 *Fotosuchspiel*

Info

Grundriss
Der Grundriss ist eine Zeichnung, die etwas – zum Beispiel einen Gegenstand, ein Haus oder eine ganze Stadt – von oben darstellt.
Du kannst auf folgende Weise sehr einfach einen Grundriss von einem Gegenstand zeichnen:
Lege den Gegenstand auf ein Blatt Papier. Umfahre ihn mit einem Stift. Wenn du dann den Gegenstand wegnimmst, hast du den Grundriss des Gegenstandes.
Den Grundriss eurer Schule könnt ihr vielleicht im Sekretariat erhalten.

1 Werte M2 aus:
a) Nenne die Zahl der Kinder, die
– zu Fuß oder mit dem Fahrrad,
– mit dem Schulbus
die Schule erreichen.
b) Miss nach, wie weit die Bushaltestellen und der Treffpunkt der Kinder von der Schule entfernt liegen (Luftlinie).

2 Schreibt eine Tabelle mit den Namen, Adressen und den zum Schulweg benutzten Verkehrsmitteln der Schüler eurer Klasse. Ermittelt die Zahl der Kinder, die zu Fuß, mit dem Fahrrad, mit Bus, Bahn oder Auto kommen.

3 a) Stellt das Einzugsgebiet eurer Klasse fest, indem jeder auf einer Karte seinen Wohnort oder seine Straße mit einem Namensfähnchen markiert und durch einen Wollfaden mit dem Standort der neuen Schule verbindet.
b) Ermittelt, wie weit ihr per Luftlinie von der Schule entfernt wohnt.
c) Gebt an, wer den längsten/ den kürzesten Schulweg hat.

Info

Luftlinie, Einzugsgebiet
Die Luftlinie ist die kürzeste Entfernung zwischen Punkten auf der Karte.
Das Einzugsgebiet ist der Bereich, aus dem die Menschen kommen um einen Ort oder eine bestimmte Einrichtung zu besuchen (z.B. einen Betrieb, eine Schule, ein Geschäft oder eine Behörde).

Der neue Schulweg

M1 *In der neuen Schule*

Neue Schule, neue Wege

Freude, Neugier und Kribbeln im Bauch – das alles empfinden Fünftklässler am ersten Tag in der neuen Schule.

Auch für Lisa aus der Klasse 5a hat der Schulanfang am Gymnasium viele Veränderungen gebracht. Dies begann schon mit dem Schulweg. Er ist jetzt viel länger. Die Grundschule war gleich um die Ecke, nun braucht Lisa fast zwanzig Minuten, wenn sie zu Fuß geht. Bei schönem Wetter will sie jedoch mit dem Fahrrad fahren; dann ist sie schon nach zehn Minuten in der Schule.

Jens wohnt in einer Gemeinde nordöstlich der Schule. Per **Luftlinie** sind es 3796 Meter. Jeden Morgen muss Jens um sieben Uhr an der Bushaltestelle sein, denn bis zur Schule ist er mit dem Bus vierzig Minuten unterwegs. In der Klasse 5a kommen mehrere Schüler aus den umliegenden Gemeinden. Das Gymnasium verfügt nämlich über ein großes **Einzugsgebiet**.

So wie Lisa und Jens wohnen auch fast alle anderen Kinder der Klasse 5a weiter von der Schule entfernt, als das bei der Grundschule der Fall war, und müssen sich an ihren neuen Schulweg gewöhnen.

Erdkunde – mein neues Unterrichtsfach

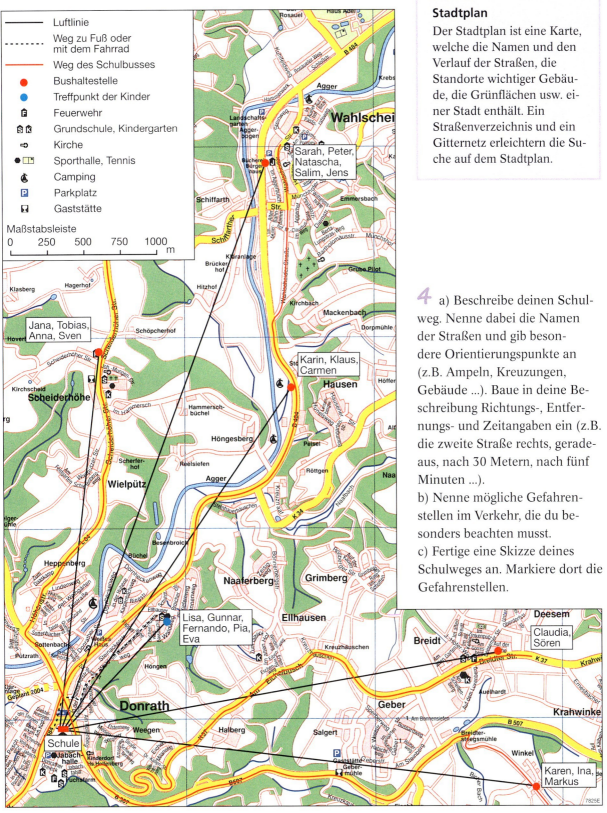

M2 *Wege von Schülern aus der 5a*

Info

Stadtplan

Der Stadtplan ist eine Karte, welche die Namen und den Verlauf der Straßen, die Standorte wichtiger Gebäude, die Grünflächen usw. einer Stadt enthält. Ein Straßenverzeichnis und ein Gitternetz erleichtern die Suche auf dem Stadtplan.

4 a) Beschreibe deinen Schulweg. Nenne dabei die Namen der Straßen und gib besondere Orientierungspunkte an (z.B. Ampeln, Kreuzungen, Gebäude ...). Baue in deine Beschreibung Richtungs-, Entfernungs- und Zeitangaben ein (z.B. die zweite Straße rechts, geradeaus, nach 30 Metern, nach fünf Minuten ...).
b) Nenne mögliche Gefahrenstellen im Verkehr, die du besonders beachten musst.
c) Fertige eine Skizze deines Schulweges an. Markiere dort die Gefahrenstellen.

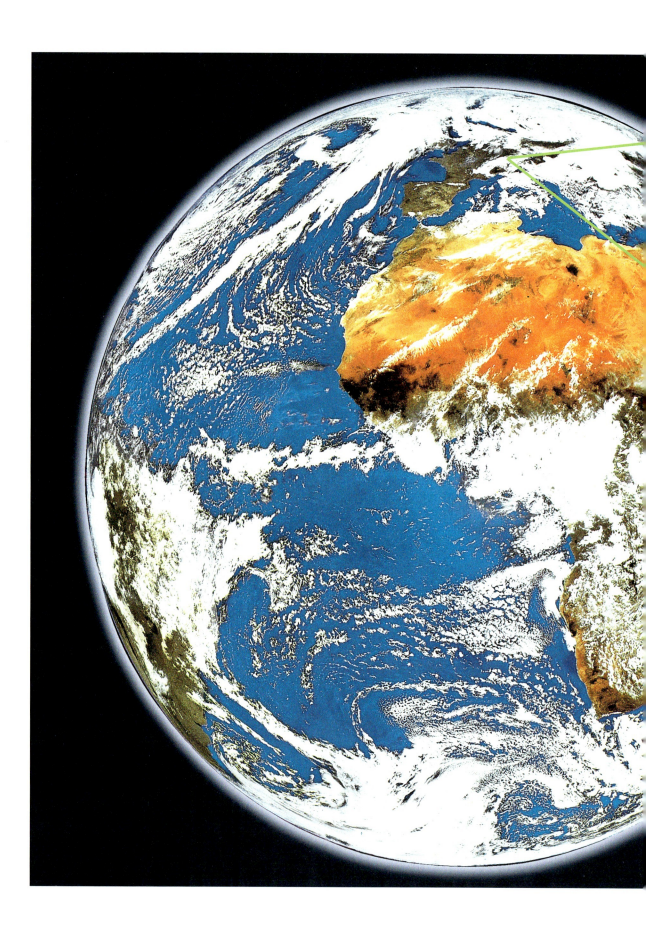

Der Planet Erde

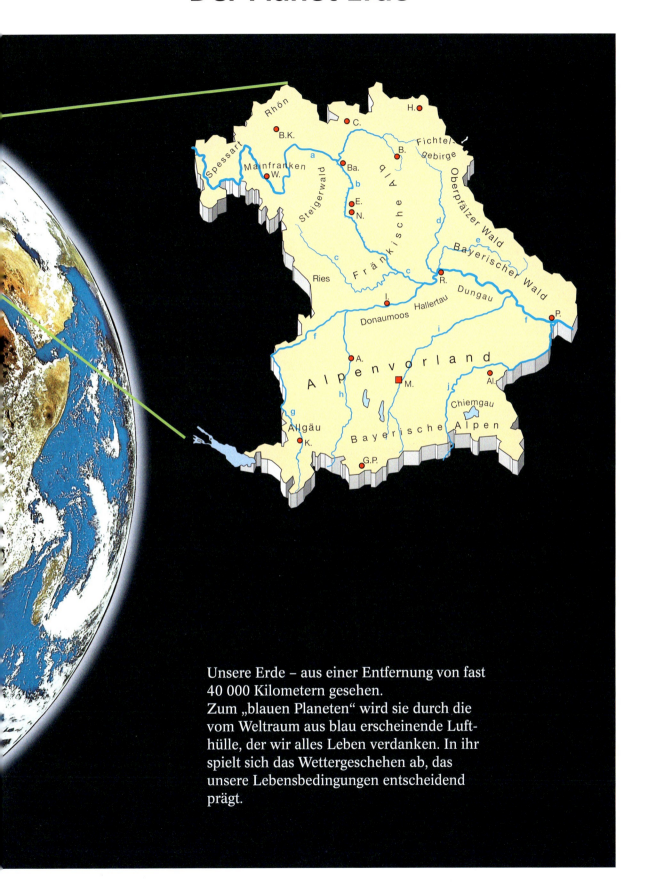

Unsere Erde – aus einer Entfernung von fast 40 000 Kilometern gesehen.
Zum „blauen Planeten" wird sie durch die vom Weltraum aus blau erscheinende Lufthülle, der wir alles Leben verdanken. In ihr spielt sich das Wettergeschehen ab, das unsere Lebensbedingungen entscheidend prägt.

M1 *Ein Astronaut schwebt im Weltall (Fotomontage).*

Die Sonne und ihre Planeten

Unser Sonnensystem

Erde, Sonne, Mond, Venus, Mars ... – sie alle sind „Staubkörner" in der unendlichen Weite des Weltalls. Auf einem dieser Staubkörner leben wir Menschen. Unsere Erde ist ein **Planet** des Sternes Sonne. Die Planeten leuchten nicht selbst. Sie sind erst zu sehen, wenn sie von der Sonne, die eine glühende Gaskugel ist, bestrahlt werden. Unsere Sonne hat neben der Erde noch acht weitere Planeten. Alle zusammen bilden unser **Sonnensystem**. Die Planeten drehen sich um ihre eigene Achse. Bei der Erde dauert diese **Rotation** genau 24 Stunden. Alle Planeten bewegen sich durch das Weltall annähernd auf Kreisbahnen, in deren Mittelpunkt die Sonne steht. Die Erde benötigt für einen Umlauf (**Revolution**) um die Sonne etwas mehr als 365 Tage, also ein ganzes Jahr. Ständiger Begleiter oder Trabant der Erde ist der Mond. Raumsonden haben schon weit entfernte Planeten erreicht und Bilder von ihrer Oberfläche übermittelt. Daher besitzen wir heute zum Teil genaue Kenntnisse über sie.

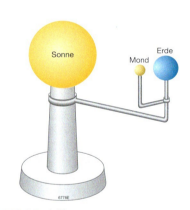

M2 *Modell*

Planet	Mittlere Entfernung zur Sonne (in km)	Durchmesser (in km)	Rotations-dauer	Umlauf-zeit	Zahl der Monde
Merkur	58 Mio.	4879	59 Tage	88 Tage	0
Venus	108 Mio.	12 104	243 Tage	226 Tage	0
Erde	150 Mio.	12 756	24 Stunden	365 Tage	1
Mars	228 Mio.	6794	25 Stunden	686 Tage	2
Jupiter	778 Mio.	142 984	10 Stunden	12 Jahre	16
Saturn	1429 Mio.	120 536	11 Stunden	29 Jahre	18
Uranus	2870 Mio.	51 118	17 Stunden	84 Jahre	17
Neptun	4504 Mio.	49 528	16 Stunden	164 Jahre	8
Pluto	5916 Mio.	2390	6 Tage	248 Jahre	1

M3 *Die Planeten unseres Sonnensystems (Die Zahlen sind gerundet.)*

Der Planet Erde

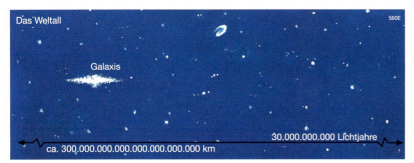

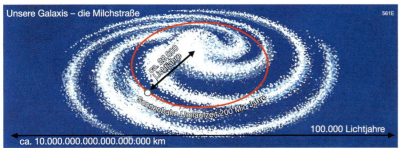

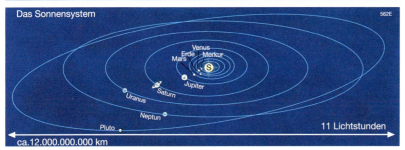

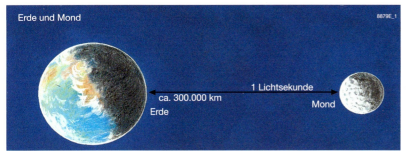

M4 Erde – Sonnensystem – Galaxis – Weltall

Planetarium und Sternwarte

In einem **Planetarium** hat man die Möglichkeit, unabhängig von der Bewölkung und den Lichtverhältnissen Sterne und Planeten zu betrachten. Mithilfe eines aufwändigen Projektionsgerätes wird auf der Innenkuppel des Planetariums ein künstlicher Sternenhimmel sichtbar.

Den echten Sternenhimmel kann man auf einer **Sternwarte** beobachten. Mit Fernrohren von viel tausendfacher Vergrößerung kann man sogar die Ringe des Saturns oder weit entfernte Sonnensysteme beobachten. Wissenschaftliche Forschung ist nur auf Sternwarten in unbesiedelten Gebieten möglich, weil die vielen Lichtquellen unserer Städte den Nachthimmel zu sehr erhellen.

Info

Lichtgeschwindigkeit
Die Entfernungen im Weltall sind so unvorstellbar groß, dass man die Strecken in Lichtjahren, -stunden, -minuten und -sekunden misst. Das ist die Entfernung, die das Licht in einem Jahr, einer Stunde, einer Minute bzw. einer Sekunde zurücklegt.

Lichtjahr:
    9 460 800 000 000 km
Lichtstunde:
    1 080 000 000 km
Lichtminute: 18 000 000 km
Lichtsekunde: 300 000 km

1 Werte die Tabelle M3 aus: Ordne die Planeten nach ihrer Größe. Beginne mit dem kleinsten Planeten.

2 „**M**ein **V**ater **e**rklärt **m**ir **j**eden **S**onntag **u**nsere **n**eun **P**laneten."
a) Leite an diesem Satz die Namen der neun Planeten unseres Sonnensystems ab.
b) Erkläre, nach welchem Prinzip sie angeordnet sind.

3 Ein Modell ist ein vereinfachtes Bild der Wirklichkeit. Beschreibe das Modell in M2 und verwende dabei einige Fachbegriffe von diesen Seiten.

www

www.sternwarte-muenchen.de
www.sternwarte.uni-erlangen.de
www.planetarium-nuernberg.de

Grundlagen des Lebens auf der Erde

Die Strahlung der Sonne

Unter den neun Planeten ist die Erde eine Ausnahme, denn nur auf ihr gibt es Leben. Sie hat die richtige Entfernung zur Sonne: Die Temperaturen an der Erdoberfläche sind nicht zu hoch und nicht zu niedrig.

Die Sonne strahlt stets die gleiche Menge an Energie ab und erwärmt so die Erdoberfläche. Diese kühlt sich während der Nachtstunden ab, weil die Sonneneinstrahlung fehlt.

Die Lufthülle der Erde

Die Erde ist von einer Lufthülle umgeben, der **Atmosphäre**. Sie wirkt zusammen mit den Wolken wie das Glas eines Treibhauses und verhindert, dass die Sonnenenergie wieder vollständig in den Weltraum zurückgestrahlt wird. Daher herrscht auf der Erde eine durchschnittliche Lufttemperatur von 15° Celsius.

Zudem schützt die Atmosphäre das Leben auf der Erde gegen schädliche Strahlung aus dem Weltraum. So verhindert zum Beispiel die Ozonschicht weitgehend das Eindringen der ultravioletten Strahlung der Sonne. Die Strahlung wäre sonst tödlich für alles Leben.

Schließlich bietet die Atmosphäre Schutz vor dem Einschlagen der **Meteoriten**. Diese Brocken aus Metall oder Gestein fliegen im Weltall umher und werden von der Anziehungskraft der Erde „eingefangen". Mit einer Geschwindigkeit von bis zu 70 Kilometern in der Sekunde rasen sie auf die Erde zu. Durch die Reibung mit Bestandteilen der Atmosphäre entsteht Hitze. Die Meteoriten beginnen zu glühen und teilweise zu schmelzen. Täglich erreichen aber noch bis zu 50 Tonnen Meteoritenmaterial die Erdoberfläche. Allerdings sind die meisten Teilchen nicht größer als Sandkörner. Im Vergleich zur Erde weist die Oberfläche des Mondes viel mehr Krater auf, weil der Mond keine Lufthülle besitzt.

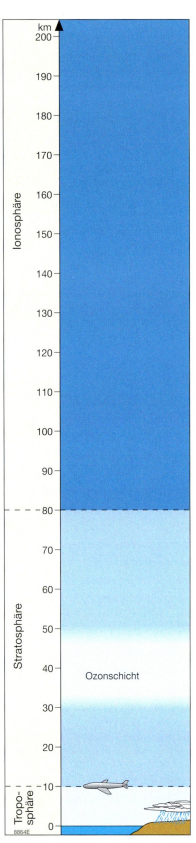

M1 *Die Schichten der Atmosphäre*

M2 *Krater auf der Oberfläche des Mondes*

Der Planet Erde

M3 Das Niltal in Ägypten

Die Atmosphäre der Erde enthält neben Stickstoff und anderen Gasen vor allem Sauerstoff, der menschliches Leben auf der Erde ermöglicht. Über die Atmung nehmen Mensch und Tier den Sauerstoff auf. Er ist für die Verbrennung in den Körperzellen notwendig.

Das Wasser

Auch wenn fast überall auf der Erde Sonnenwärme und überall Luft zum Atmen zur Verfügung stehen, können doch längst nicht an jedem Ort Menschen und Tiere leben oder Pflanzen wachsen. Wo das Wasser fehlt, gibt es kein Leben. Zwar verfügt unsere Erde über unglaublich reiche Wasservorräte, doch wir Menschen können diese zu einem großen Teil nicht unmittelbar nutzen. Das Meerwasser in den Ozeanen ist so salzig, dass die Menschen damit ihren Wasserbedarf nicht decken können. Teile der Erde sind von riesigen Eis- und Schneemassen bedeckt; diese stehen uns aber ebenfalls nicht als Trinkwasser zur Verfügung. Auf dem Festland entnehmen Menschen ihr Trinkwasser aus Flüssen, Seen und aus dem Grundwasser.

Einen Teil unseres Wasservorrates auf der Erde können wir nicht sehen. Er ist als Wasserdampf in der Luft enthalten. Wenn dieser Dampf abkühlt, bilden sich feine Wassertröpfchen, die sich uns als Wolken oder Nebel zeigen. In Form von Regen und Schnee fallen sie auf die Erde nieder.

Der Boden

Boden entsteht im Lauf der Zeit durch Zersetzung des Gesteins an der Erdoberfläche (siehe auch Seite 96). Viele Lebewesen, die so klein sind, dass wir sie mit bloßem Auge nicht sehen können, tragen zur Fruchtbarkeit des Bodens bei. Pflanzen entnehmen dem Boden Wasser und Mineralstoffe, die sie für ihr Wachstum brauchen. Dank des Bodens haben die Menschen die Möglichkeit Nutzpflanzen zur Ernährung anzubauen.

1 Die Mondoberfläche in M2 hat viele Meteoritenkrater. Erläutere, warum das so ist.

2 Erkläre, wie die Atmosphäre die Erdoberfläche schützt.

3 Begründe, warum auf den Höhenrücken in M3 kein Anbau von Nutzpflanzen möglich ist.

4 Liste die Merkmale auf, die das Leben auf dem Planeten Erde ermöglichen und erläutere sie.

Der Aufbau der Erde

Ein Blick ins Erdinnere

Wissenschaftler schätzen das Alter des Weltalls auf 15 Milliarden Jahre. Die Erde entstand vermutlich vor fast fünf Milliarden Jahren. Zu dieser Zeit kreiste sie als ein Gaswirbel um die Sonne. Dieser verdichtete sich und kühlte langsam ab.

Mit der Abkühlung wurde die Oberfläche der Erde fest. Die äußerste Schicht (Schale) aus festem Gestein nennt man **Erdkruste**. Sie ist bis zu 50 Kilometer dick. Bei Gebirgen auf dem Festland ist sie wesentlich mächtiger als im Meer.

Zur Erforschung der Erde wurden verschiedene Bohrungen vorgenommen. Sie erreichten bisher nur eine Tiefe von 13 km. In Deutschland gab es eine Tiefbohrung zwischen Oberpfälzer Wald und Fichtelgebirge in Windischeschenbach. Sie konnte nur bis in eine Tiefe von etwa neun Kilometern vordringen. Dann waren die Grenzen der Technik erreicht: Hier unten herrschen Temperaturen von über 300° C; der Bohrmeißel wurde so heiß, dass er sich verformte.

Forschungen ergaben, dass die Erdkruste und der feste obere Teil des Erdmantels aus sechs großen und einigen kleinen Platten besteht. Sie „schwimmen" auf dem darunter liegenden zähflüssigen Teil des **Erdmantels**. Der Erdmantel reicht bis in eine Tiefe von 2900 Kilometern. Er umgibt den **Erdkern**, der das Zentrum der Erdkugel bildet. Über den Erdkern wissen wir bislang nur wenig. Man vermutet, dass der äußere Teil flüssig und der innere Teil fest ist.

M1 *Kontinentale Tiefbohrung in Windischeschenbach/Oberpfalz*

1 Zähle die Schalen der Erde auf und nenne die jeweiligen Tiefen.

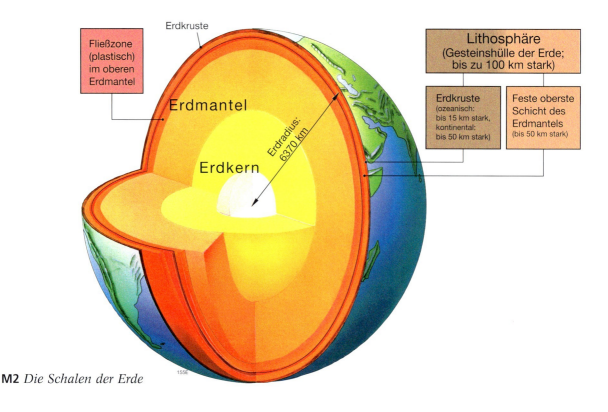

M2 *Die Schalen der Erde*

Der Planet Erde

M3 *An der Grenze von zwei Erdplatten auf Island*

M4 *In einem Orangenhain südlich von San Francisco / Kalifornien*

Die Erdplatten – ein Puzzle in Bewegung

Die Erdplatten sind zum Teil 100 Kilometer dick. Sie bewegen sich jedes Jahr bis zu neun Zentimetern. Die Umrisse der unterschiedlich großen Platten entsprechen nicht den Umrissen der Kontinente und Ozeane.

Strömungen im zähflüssigen Erdmantel bewegen die Platten. Sie driften aufeinander zu, voneinander weg oder aneinander vorbei. An den Plattengrenzen treten häufig Erdbeben auf. Hier liegen auch die meisten tätigen Vulkane.

2 Benenne die Erdplatten bei Island und beschreibe, wie sie sich bewegen (M3, M5).

3 Beschreibe die Bewegungen der Erdplatten, die im Raum Kalifornien aneinander grenzen (M4, M5).

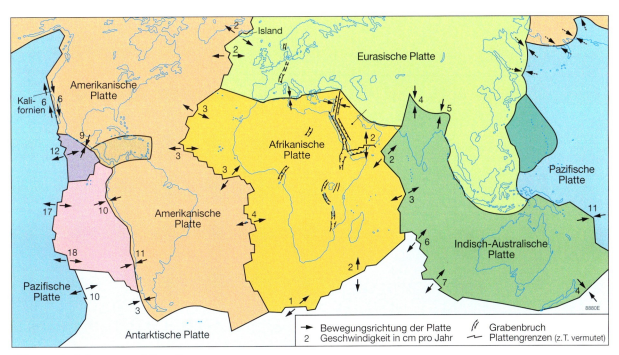

M5 *Die Erdplatten und ihre Bewegungen*

Kontinente, Ozeane und Hochgebirge

Info

Quadratkilometer
Ein Quadratkilometer (1 km²) ist ein Flächenmaß. Es bezeichnet eine Fläche von einem Kilometer Länge und einem Kilometer Breite.

1 Stelle die Flächengrößen der Kontinente (Zahlen in M1) in einem Säulendiagramm dar. Verwende hierfür M5 als Vorlage.

2 Nenne die Kontinente, die nur auf der Nord- und nur auf der Südhalbkugel liegen. Gib die Kontinente an, die sich über beide Erdhälften erstrecken.

Land und Wasser

Die Erde wird als „blauer Planet" bezeichnet. Diese Bezeichnung kann man besonders gut verstehen, wenn man aus dem Weltall auf die Erde sieht (Abbildung Seite 16). Blau wirkt unser Planet noch aus einem anderen Grund. Der weitaus größte Teil der Erdoberfläche wird von den Wasserflächen der drei großen **Ozeane** bedeckt. Der Pazifische Ozean allein ist größer als alle Landflächen zusammen. Deutschland hat Anteil an zwei Meeren: Während die Nordsee ein Randmeer des Atlantischen Ozeans ist, bezeichnet man die Ostsee als Binnenmeer, weil sie nur einen sehr schmalen Zugang zum offenen Meer hat.

Die Landmassen der Erde werden in sieben **Kontinente** gegliedert. Einer dieser Kontinente, die Antarktis, ist nur schwer zu erkennen, da er fast vollständig von mächtigen Eismassen bedeckt ist. Zwei Kontinente, Europa und Asien, gehen ohne deutliche Trennung ineinander über, weshalb man sie auch als Doppelkontinent Eurasien bezeichnet. Landschaftlich besonders eindrucksvoll sind die **Hochgebirge**, die sich auf manchen Kontinenten über Tausende von Kilometern erstrecken und bis zu 9000 Meter Höhe erreichen können. Die Rocky Mountains in Nordamerika und die Anden in Südamerika besitzen sogar kontinentale Ausmaße, ebenso wie der sich von den europäischen Alpen bis zum

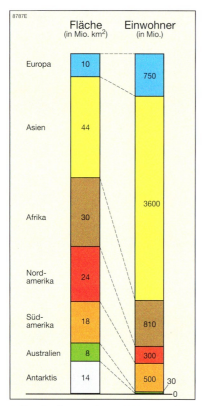

M1 *Fläche und Bevölkerung der Kontinente*

M2 *Kontinente und Ozeane auf einer Hälfte der Erde ...*

Der Planet Erde

asiatischen Himalaya erstreckende eurasiatische Hochgebirgsgürtel, an dem das südliche Deutschland Anteil hat.

Rekorde der Erde

Immer wieder wird in einem Kreuzworträtsel oder in einem Quiz nach dem höchsten Berg, der größten Insel oder anderen „Rekorden" auf der Erde gefragt.

Hier findest du eine Auswahl:

Gebirge mit den höchsten Bergen	Himalaya	
Höchster Berg	Mount Everest	8846 m
Tiefste Meeresstelle	Witjas-Tief	−11034 m
Tiefste Stelle der Landoberfläche	am Toten Meer	−406 m
Längster Gebirgsgürtel	Rocky Mountains/Anden	14 000 km
Längster Fluss	Nil	6671 km
Tiefster See	Baikalsee	−1620 m
Größte Insel	Grönland	2 Mio. km²
Größte Halbinsel	Arabien	3 Mio. km²
Größter See	Kaspisches Meer	371 800 km²

M3 *Rekorde der Erde*

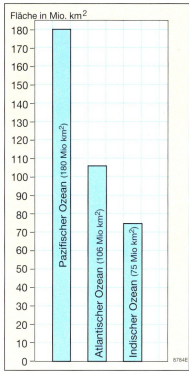

M5 *Säulendiagramm zur Flächengröße der drei Ozeane Pazifik, Atlantik, Indik*

3 Ordne die Rekorde der Erde den Kontinenten zu. Beginne so: Das Gebirge mit den höchsten Bergen, der Himalaya, liegt in …

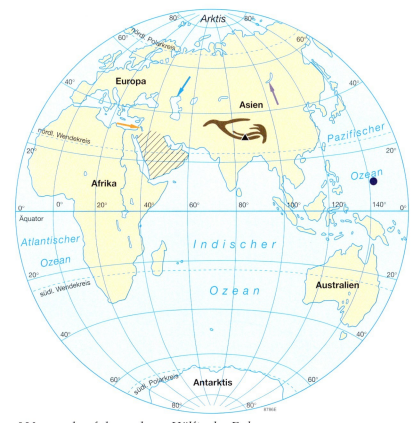

M4 *… und auf der anderen Hälfte der Erde*

Entdeckungsreisen

Schon immer wollten Menschen Informationen über fremde Länder erhalten. Der Bericht des Venezianers Marco Polo über seine Reise nach China im 13. Jahrhundert wurde schon damals zum „Bestseller".

Entdeckung der Neuen Welt

Auch Christoph Kolumbus aus Genua hatte dieses Buch genau gelesen, wie wir aus seinen Aufzeichnungen aus dem 15. Jahrhundert wissen. Damals war der Glaube weit verbreitet, dass die Erde die Form einer Scheibe aufweise und von einem Urozean umgeben sei. Aber Kolumbus gelangte zu der Auffassung, die Erde habe die Gestalt einer Kugel. Wenn er also Indien erreichen wolle, dann müsse er nur nach Westen segeln.

Am 3. August 1492 brach Kolumbus im Auftrag des spanischen Königs mit den drei kleinen Schiffen „Santa Maria", „Niña" und „Pinta" auf um aus Indien Gold und Gewürze zu holen. Am 12. Oktober 1492 entdeckte die Expedition die Insel San Salvador, die zu den heutigen Bahamas gehört. Kolumbus glaubte aber Indien erreicht zu haben. Als er am 15. März 1493 zurückkam, verbreitete sich die Kunde von dem angeblich neuen Seeweg nach Indien wie ein Lauffeuer durch Spanien und andere Länder Europas.

Kolumbus begab sich später auf weitere Entdeckungsreisen, die ihn alle in die heutige Karibik führten. Dass er den Kontinent Amerika und nicht Indien entdeckt hatte, erfuhr er vor seinem Tode 1506 nicht mehr. Diese „Neue Welt" wurde später nach dem Seefahrer und Entdecker Amerigo Vespucci „Amerika" benannt.

M1 *Weltbild aus der Zeit vor Kolumbus*

„**Freitag, den 12. Oktober 1492.** Es ist eine Insel, eine bewohnte Insel. Am Strand erblickten wir Eingeborene. Ich konnte von ihren Mienen nur Erstaunen und feindselige Gefühle ablesen. Ich kniete nieder, als ich festen Boden unter den Füßen hatte, und dankte Gott, indem ich die Erde küsste. Ich bin überzeugt auf einer Indien vorgelagerten Insel gelandet zu sein. Dann entfaltete ich das königliche Banner und ergriff im Namen des Königs und der Königin von Spanien von der Insel Besitz."
(Nach R.Grün (Hrsg.): Das Bordbuch des Christoph Columbus. Stuttgart 1983)

M2 *Kolumbus betritt die Insel, die er San Salvador tauft.*

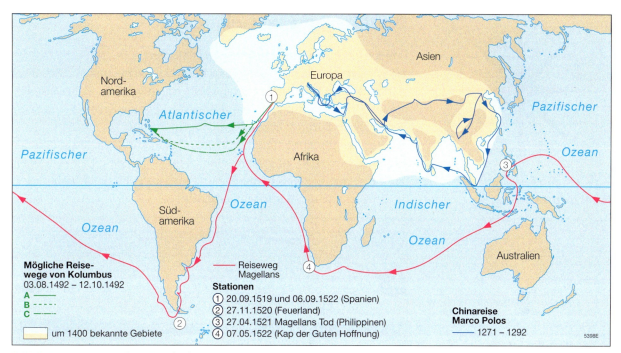

M3 *Reisewege von drei Entdeckern*

Der Beweis für die Kugelgestalt der Erde

Der Portugiese Fernando Magellan hatte Anfang des 16. Jahrhunderts schon viel von der Welt gesehen. Er war bereits um die Südspitze Afrikas nach Osten zu den Philippinen in Südostasien gereist. Am 10. August 1519 brach er in der spanischen Stadt Sevilla mit fünf Segelschiffen zur ersten Weltumsegelung auf. Er nahm an, dass die Erde die Gestalt einer Kugel hätte und wollte sie in Richtung Westen umrunden. An Bord hatte er Glasperlen, Wollstoffe, Angelhaken und Messer, um dafür kostbare Güter einzutauschen.

Am 27. November 1520 hatte er die Südspitze Südamerikas passiert. Diese Durchfahrt zwischen dem Festland im Norden und der Insel Feuerland im Süden ist als Magellan-Straße später nach ihm benannt worden. Stetiger Rückenwind trieb ihn weiter nach Westen. Weil das Meer zunächst einen so friedlichen Eindruck hinterließ, benannte er es „Pazifischer Ozean". Am 16. März 1521 landete Magellan auf den Philippinen und kam in ein Gebiet, das er schon vor vielen Jahren kennen gelernt hatte. Er war der erste Mensch, der die Erde umrundet hatte, wenn auch auf zwei verschiedenen Fahrten! Am 27. April 1521 wurde er erschlagen, als er Streitigkeiten zwischen den Bewohnern verschiedener Inseln schlichten wollte. Aber nicht nur Magellan verlor sein Leben. Von 250 Seeleuten kamen nach fast drei Jahren unter der Führung von Juan Sebastian Elcano nur noch 18 in den Heimathafen Sevilla zurück. Obwohl nur ein Schiff, die „Victoria", die Weltumsegelung geschafft hatte, so war die Reise für das spanische Königshaus wirtschaftlich ein Erfolg. Der Verkauf von 30 Tonnen Gewürzen brachte doppelt so viel Geld ein, wie die Expedition gekostet hatte.

1 Suche im Atlas die Westindischen Inseln und erkläre, wie sie zu ihrem Namen gekommen sind.

2 Beschreibe mithilfe eines Globus und M3
a) den Reiseweg des Marco Polo,
b) den Reiseweg des Christoph Kolumbus,
c) den Reiseweg des Fernando Magellan.

3 Die Reise Magellans war von großer Bedeutung, weil sie einen Beweis für die Nachwelt erbrachte. Berichte darüber.

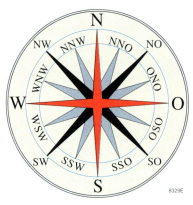

M1 *Windrose*

Orientierung im Gelände

Die Ermittlung von Himmelsrichtungen

„Sich orientieren" heißt sich auf der Erde zurechtzufinden. Das Wort „Orientierung" leitet sich vom Lateinischen „oriens" ab. Es bezieht sich auf die Himmelsrichtung Osten, in der die Sonne aufgeht. Die Länder, die im Osten Europas liegen, bezeichnet man daher als Orient.

Im geographischen Sinne bedeutet „Orientierung" sich mithilfe der Himmelsrichtungen zurechtzufinden. Grundlage dafür ist das Modell der vier Haupthimmelsrichtungen und ihrer Nebenhimmelsrichtungen. Sie werden in einer **Windrose** dargestellt.

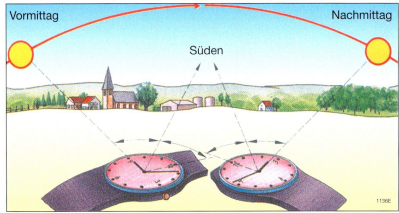

M2 *Bestimmung der Südrichtung mithilfe der Armbanduhr*

Bei einem **Kompass** zeigt die Magnetnadel immer nach Norden. Die Himmelsrichtungen lassen sich aber auch anders bestimmen. Das Zifferblatt einer Armbanduhr und der Sonnenstand reichen aus um die Himmelsrichtung Süden zu ermitteln. Wird die Uhr so ausgerichtet, dass der kleine Stundenzeiger auf die Sonne deutet, dann weist der halbe Winkel zwischen dem Stundenzeiger und der Zahl 12 in Richtung Süden.

1 Benenne die Himmelsrichtungen der roten Pfeile a) bis i).

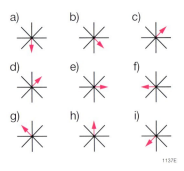

2 Entscheide, ob das Foto (M3) aus Norden oder Süden aufgenommen worden ist. Benutze für deine Entscheidungsfindung auch geeignete Atlaskarten. Begründe deine Antwort.

M3 *Neuschwanstein*

Nach Sonnenuntergang hilft der Blick in den Sternenhimmel zur Bestimmung der Himmelsrichtung Norden. Bei klarer Nacht lassen sich die Sternbilder des Großen und Kleinen Wagens erkennen. Die Deichselspitze des Kleinen Wagens ist der Polarstern, der immer genau im Norden liegt.

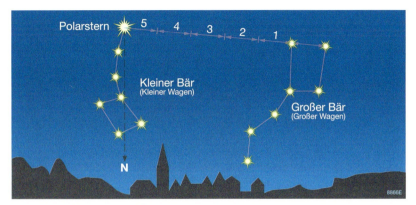

M4 *So findest du Norden.*

M6 *Zaunpfosten im Winter*

Wer im Gelände bei bedecktem Himmel weder auf Sonne oder Sterne noch auf sonstige Hilfsmittel zurückgreifen kann, der ist auf andere Hinweise zur Bestimmung der Himmelsrichtungen angewiesen:
- Die Satellitenschüsseln für den Fernsehempfang sind in der Regel ungefähr nach Süden ausgerichtet.
- Schnee und Eis tauen an der Südseite von Dächern, Zäunen und Hängen zuerst.
- In alten Kirchen liegen die Altäre zumeist im Osten, während sich die Türme im Westen des Kirchenschiffes befinden.
- Bäume sind häufig nach Osten geneigt, da bei uns der Wind oft aus Westen kommt. Wächst die Krone des Baumes auffällig nach Osten, so wird dieser Windflüchter genannt.
- Die westliche Seite der Baumstämme ist häufig mit Moos bewachsen, da aus dieser Richtung mehr Niederschläge kommen.

M5 *Windflüchter auf der Insel Hiddensee*

3 a) Ordne dem Zaunpfosten in M6 zwei Himmelsrichtungen zu.
b) Ordne dem Baum in M5 zwei Himmelsrichtungen zu. Begründe deine Entscheidungen.

4 Zähle vier Möglichkeiten auf im Gelände die Himmelsrichtungen zu bestimmen.

5 Erkläre, weshalb man bei der Bestimmung der Südrichtung mithilfe der Armbanduhr während der Sommerzeit besonders aufmerksam sein muss.

Orientierung auf der Erde: das Gradnetz

M1 *Das Display eines GPS-Gerätes, das die geographische Lage eines Standortes mit sehr hoher Genauigkeit bestimmt.*

Info

GPS
GPS steht für **G**lobal **P**ositioning **S**ystem. Das ist ein modernes technisches Navigationssystem. Es ermöglicht die exakte Festlegung des eigenen geographischen Standortes.
Die Lagebestimmung erfolgt mithilfe eines erdumspannenden Netzes von Satelliten. Mit deren Signalen kann der Rechner im GPS seine Lage auf der Erde bis auf wenige Meter genau berechnen.

Die deutsche Geländewagenfahrerin Jutta Kleinschmidt will bei der Rallye Dakar wieder siegen. Während der Fahrt durch die nordafrikanische Wüste Sahara bemerkt sie plötzlich ein lautes Klappern im Motorraum. Sie stoppt und öffnet die Motorhaube. Jutta Kleinschmidt erkennt sofort, dass die Ölpumpe defekt ist und ausgewechselt werden muss. Aber wie soll ihr Serviceteam sie finden, da sie alle Begleitfahrzeuge durch ihre rasante Fahrweise weit hinter sich gelassen hat?

Vor einigen Jahren hätte Jutta Kleinschmidt mitten in der Wüste lange auf Hilfe warten müssen. Heute aber kann sie an dem GPS-gesteuerten Navigationsgerät am Armaturenbrett ihres Fahrzeuges ihre genaue Position ablesen und diese per Mobiltelefon an das Hilfsfahrzeug melden: 20° n. B., 10° w. L. Welche Information verbirgt sich hinter dieser Angabe?

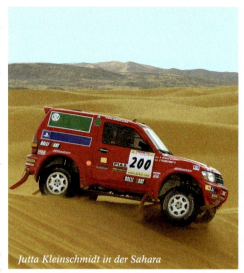

Jutta Kleinschmidt in der Sahara

M3 *Rallye Dakar – der richtige Weg durch die Wüste*

Breitenkreise und Längenhalbkreise

Damit man die Lage eines Ortes auf der Erdoberfläche eindeutig bestimmen kann, ist auf jedem Globus ein Netz von Linien in Nord-Süd-Richtung und in West-Ost-Richtung gezeichnet. Dieses Netz nennt man das **Gradnetz** der Erde. Es ist auch auf vielen Karten eingetragen.

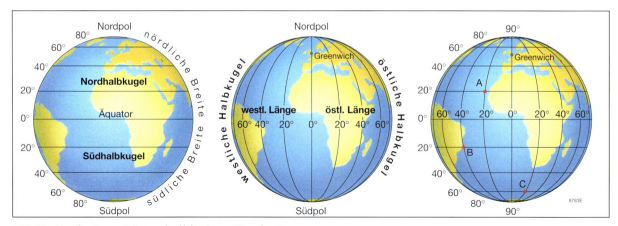

M2 *Breitenkreise – Längenhalbkreise – Gradnetz*

Der Planet Erde

Die **Breitenkreise** sind Linien, welche die Erde in West-Ost-Richtung umspannen. Der wichtigste Breitenkreis ist der **Äquator** (Breitenkreis Null Grad: 0°). Er teilt die Erde in eine Nord- und eine Südhalbkugel. Vom Äquator aus zählt man bis zum Nordpol und zum Südpol jeweils 90 Breitenkreise. Befindet sich ein Ort auf der nördlichen Halbkugel, so liegt dieser auf einem Breitenkreis nördlicher Breite, abgekürzt n. B. Ein Ort auf der Südhalbkugel liegt auf einem Breitenkreis südlicher Breite, abgekürzt s. B.

Zur genauen Bestimmung eines Ortes ist aber auch die Angabe des **Längenhalbkreises (Meridian)** notwendig, der vom Nordpol zum Südpol verläuft. Der Meridian 0°, auch Nullmeridian genannt, läuft durch die Kuppel der Sternwarte von Greenwich in London. Von diesem Nullmeridian aus werden 180 Längenhalbkreise nach Westen, abgekürzt w. L., und 180 Längenhalbkreise nach Osten, abgekürzt ö. L., gezählt.

Lagebestimmung auf Karten mithilfe des Gradnetzes

Auf fast allen Atlaskarten sind die Gitterlinien des Gradnetzes eingezeichnet. Die Gradzahlen stehen am Kartenrand. Am oberen und unteren Rand sind die Angaben für die Längenhalbkreise, am linken und rechten Kartenrand die Werte für die jeweiligen Breitenkreise angegeben.

So bestimmst du auf einer Atlaskarte die Lage eines Ortes im Gradnetz (Beispiel: Fürth):

1. Suche die Stadt Fürth auf einer Atlaskarte von Süddeutschland.
2. Fürth liegt zwischen zwei Breitenkreisen. Suche diese auf der Karte.
3. Verfolge die beiden Linien bis zum Kartenrand und lies die zugehörigen Zahlen ab: Fürth liegt zwischen 49° und 50° n. B.
Den Raum zwischen zwei Breitenkreisen, auch Breitengrade genannt, unterteilt man in 60 Minuten. Will man die Lage ganz genau angeben, so stellt man fest, dass die Stadt Fürth auf 49°30' n. B. liegt.
4. Verfahre in gleicher Weise bei der Bestimmung der Längenhalbkreise oder Längengrade. Die Stadt Fürth liegt genau auf …

1 Benenne in M2 die Position der Orte A, B und C im Gradnetz der Erde.

2 Bestimme auf einer Süddeutschland-Karte im Atlas die ungefähre Lage der Städte Ingolstadt, Aschaffenburg und Kempten im Gradnetz.

3 Suche mithilfe der Süddeutschland-Karte die Städte, die folgende Lage im Gradnetz besitzen:
a) 49°1' n. B., 12°4' ö. L.
b) 48°9' n. B., 11°42' ö. L.

4 Macht folgendes Spiel zu zweit mit der Süddeutschland-Karte im Atlas: Ein Spieler nennt den Namen einer Stadt über 100 000 Einwohner. Der Mitspieler sucht die beiden Breitengrade und Längengrade, zwischen denen die Stadt liegt.

Info

Globus
Der Globus ist ein vereinfachtes Modell der Erde in Form einer Kugel. Mithilfe des Globus kann man die Lage eines Kontinentes oder eines Meeres auf der Erde besonders gut erkennen. Der Nürnberger Martin Behaim gestaltete 1492 als erster einen Globus. Nach den Aufzeichnungen portugiesischer Seefahrer fertigte er eine Weltkarte an. Anschließend ließ Behaim diese Karte von einem heimischen Maler auf die Oberfläche einer Holzkugel zeichnen.

M4 *Behaim-Globus*

M5 *Moderner Globus*

GEO-METHODE • GEO-METHODE

	A	B	C	D	E	F	G
1							
2						F2	
3							
4							
5							
6							
7							

M1 *Planquadrate*

So findest du einen Ort im Atlas:

1. Schlage den gesuchten Ort im Namensregister des Atlas nach.
2. Merke dir die Angaben hinter dem Namen. Sie verweisen
   - auf die Seite(n) im Atlas,
   - manchmal auf eine Kartennummer,
   - auf das Planquadrat, in dem sich der gesuchte Ort befindet.
3. Schlage nun die genannte(n) Kartenseite(n) auf.
4. Suche den Ort im angegebenen Planquadrat.

Mit dem Atlas arbeiten

Der Aufbau des Atlas

Der Atlas ist das wichtigste Hilfsmittel im Erdkundeunterricht. Darin wird die ganze Welt in Karten dargestellt. Anhand einer großen Zahl verschiedener Atlaskarten kann man sich einen Überblick über die Räume der Erde verschaffen.

Der Atlas ist in verschiedene Teile gegliedert:

Das Kartenverzeichnis
Auf den ersten Seiten des Atlas findest du ein übersichtliches Verzeichnis aller Karten sowie der Angabe der Seiten, auf denen sie zu finden sind. Die Karten sind zunächst nach Regionen und dann nach Themen geordnet. Nach den Karten aus Deutschland findest du Karten zu den Ländern Europas und den anderen Kontinenten.

Der Kartenteil
Hier befinden sich alle Karten, geordnet nach Regionen. Die Überschriften geben jeweils Auskunft über den Karteninhalt.

Das Sachwortregister
Wer Karten zu einem bestimmten Thema wie beispielsweise Alpenübergänge sucht, kann im Sachwortregister nachschlagen. Hier sind die Sachwörter in alphabetischer Reihenfolge aufgelistet. Neben dem Begriff „Alpenübergänge" steht beispielsweise folgende Angabe: 76/77. Das sind die Seiten im Atlas, auf denen man die Alpenübergänge findet.

Das Namensregister
Das Namensregister ist ein alphabetisch geordnetes Verzeichnis aller auf den Karten vorkommenden Namen von Ländern, Städten, Flüssen, Seen, Bergen, Gebirgen usw.

M2 *Physische Karte: Der Nordwesten Bayerns*

GEO-METHODE • GEO-METHODE

Karten im Atlas

Karten stellen stark verkleinert die ganze Erdoberfläche oder einen Ausschnitt von ihr dar. Sie vermitteln einen guten Überblick über ein Gebiet und helfen dem Betrachter sich in einem unbekannten Raum zurechtzufinden. Karten enthalten verschiedene Informationen. Diese sind durch Schrift, Flächenfarben und **Signaturen**, das heißt Kartenzeichen, dargestellt. Zur besseren Unterscheidung sind die Signaturen farbig angelegt.

Alle Flächenfarben und Signaturen sind in einer Zeichenerklärung am Rand einer Karte erläutert. Eine solche Erklärung nennt man **Legende**. Wer eine Karte lesen und verstehen will, muss sich zunächst mit der Legende vertraut machen.

Die Karten im Atlas sind in der Regel eingenordet, das heißt die Himmelsrichtung Norden befindet sich oben auf der Karte.

Grundsätzlich unterscheidet man im Atlas zwei Kartenarten:

Die **physischen Karten** zeigen die Lage von Ebenen, Gebirgen, Flüssen, Seen, Meeren, Verkehrslinien, Siedlungen usw. Mit grünen, gelben und braunen Flächenfarben werden die jeweiligen Landhöhen vom Tiefland bis zu den Hochgebirgen dargestellt.

Thematische Karten bieten andere Informationen mit sehr unterschiedlichen Inhalten. Sie stellen beispielsweise die Lage von Freizeiteinrichtungen oder die Verbreitung der landwirtschaftlichen Nutzung in einem bestimmten Raum dar. Sie zeigen aber auch die Verteilung der Bevölkerung, das Vorkommen von Bodenschätzen oder die Standorte von Industriebetrieben.

Gerade bei thematischen Karten ist es wichtig, das Thema der Karte zu erkennen und mithilfe der Legende die Flächenfarben und Signaturen zu erschließen.

Info

Signaturen und Flächenfarben

● ■ „Punkte":
Diese Zeichen geben zum Beispiel die Lage von Städten sowie von bestimmten Industrie- und Bergbaustandorten an.

∼ **Linien:**
Sie zeigen unter anderem den Verlauf von Flüssen, Straßen, Eisenbahnstrecken und Grenzen.

Bildhafte Zeichen:
Sie beschreiben zum Beispiel Schlösser/Burgen, Pässe und auch Industrien.

Flächen:
Diese vermitteln einen Überblick über Landhöhen, Wasserflächen, Wälder, Bodennutzung, die Flächen von Staaten und vieles andere.

1 Nenne Seitenzahlen aus deinem Atlas:
a) für drei physische Karten,
b) für drei thematische Karten.

M3 *Thematische Karte: Fremdenverkehr im Nordwesten Bayerns*

34 GEO-METHODE • GEO-METHODE

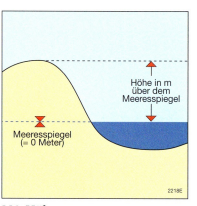

M1 *Höhenmessung vom Meeresspiegel aus*

Darstellung des Geländes auf physischen Karten

Die Landhöhen werden auf Karten durch **Höhenlinien** und **Höhenschichten** dargestellt. Höhenlinien verbinden alle Punkte, die in gleicher Höhe über dem Meeresspiegel liegen. Zum Beispiel gibt es die Höhenlinie „200 Meter über dem Meeresspiegel" oder „200 m ü.M.". Die Höhe über dem Meeresspiegel wird auch absolute Höhe genannt.

Höhenschichten sind Flächen zwischen zwei Höhenlinien. Sie werden farbig ausgemalt. Es entstehen Farbstufen. Mit zunehmender Höhe wechselt die Farbe von Grün über Gelb nach Hellbraun und Dunkelbraun. Der Höhenunterschied zwischen zwei verschiedenen Punkten auf der Erdoberfläche heißt relative Höhe.

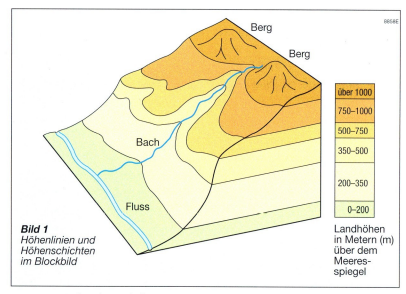

Bild 1 *Höhenlinien und Höhenschichten im Blockbild*

M2 *Das Geländemodell*

So bestimmst du die Höhe eines Ortes auf einer physischen Karte:

1. Falls eine Höhenangabe zu dem Ort angegeben ist, dann bezieht sich diese Angabe auf die absolute Höhe, das heißt die Höhe über dem Meeresspiegel (M1).
2. Falls eine Höhenangabe fehlt, dann kannst du auf die farbig angelegten Höhenschichten zurückgreifen. Diese beschreiben, zwischen welchen Höhenlinien ein Ort liegt.

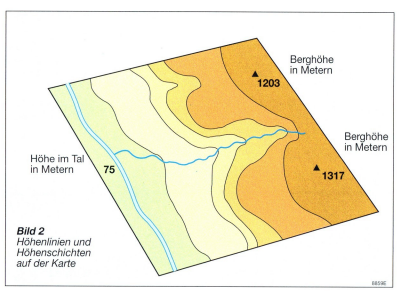

Bild 2 *Höhenlinien und Höhenschichten auf der Karte*

M3 *Die Karte zum Geländemodell*

GEO-METHODE • GEO-METHODE

Die Faustskizze

Eine Faustskizze ist eine stark vereinfacht gezeichnete Karte. In ihr sind zum Beispiel Städte, Gebirge, Flüsse und andere Gewässer übersichtlich eingetragen.

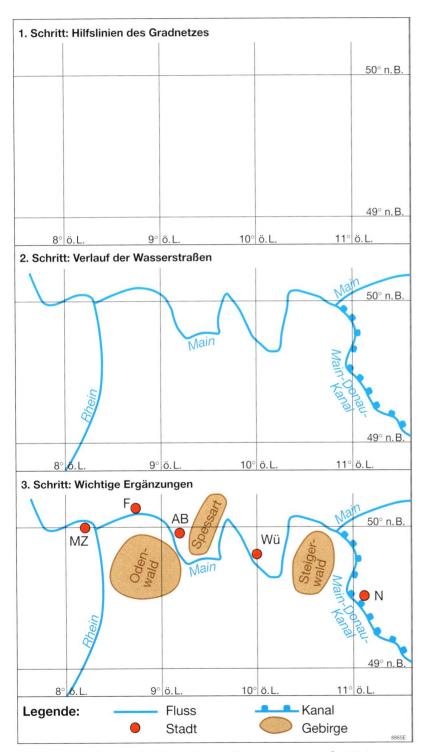

So zeichnest du eine Faustskizze mithilfe einer Atlaskarte:

1. Zeichne als Hilfslinien einen Teil des Gradnetzes und beschriftet es.

2. Trage nun den ungefähren Verlauf der Wasserstraßen (Flüsse, Kanäle) in das angelegte Gradnetz ein und beschrifte sie.

3. Ergänze in der Skizze die Lage wichtiger Gebirge und Städte. (Hier kannst du für die Bezeichnung der Städte als Abkürzungen deren Autokennzeichen verwenden.)

1 Zeichne mithilfe einer Atlaskarte selbst eine Faustskizze zu folgendem Merkspruch:
Iller, Lech, Isar, Inn fließen rechts zur Donau hin. Altmühl, Naab und Regen kommen links entgegen.

M4 *Drei Schritte zu der Faustskizze: Binnenwasserstraße Main*

36

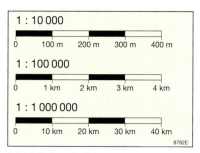

M1 *Maßstabsleisten*

1 Rechne für die folgenden Maßstäbe aus, welche Länge fünf Zentimeter auf der Karte in Wirklichkeit haben:
Maßstab 1 : 1 000 000
Maßstab 1 : 40 000 000
Maßstab 1 : 50 000
Maßstab 1 : 10 000
Maßstab 1 : 500 000

Karte und Maßstab

Der Maßstab – ein Maß der Verkleinerung

Moritz hat seinen Fahrradschlüssel verloren. Er entdeckt ihn neben einem Baum vor der Schule an der Schützenstraße.

In M2 ist der Schlüssel so groß wie in Wirklichkeit abgebildet. Das Bild hat den **Maßstab** 1:1 (sprich „eins zu eins"). Ein Zentimeter auf dem Bild entspricht einem Zentimeter in Wirklichkeit.

In M3 ist der Schlüssel zehnmal kleiner dargestellt. Das Bild hat den Maßstab 1:10 (sprich „eins zu zehn"). Hier sind zehn Zentimeter in Wirklichkeit auf einen Zentimeter auf dem Bild verkleinert.

Die Maßstäbe der Bilder M4 und M5 sind jeweils noch kleiner. Der Schlüssel ist in M4 kaum und in M5 nicht mehr zu erkennen. Dafür sind Teile der Schützenstraße dargestellt.

Der Maßstab ist ein Maß für die Verkleinerung. *Je größer die Zahl hinter dem Divisionszeichen ist, desto kleiner ist der Maßstab.*

Verschiedene Kartenmaßstäbe

M6 und M7 beinhalten unter anderem die Region Ingolstadt. Es gibt aber Unterschiede zwischen den beiden Karten. In M7 ist eine größere Fläche abgebildet als in M6, dafür ist alles kleiner dargestellt. Vieles wurde in M7 gegenüber M6 weggelassen, zum Beispiel der Ort Manching südöstlich von Ingolstadt. M7 hat einen kleineren Maßstab als M6.

Auf vielen Karten gibt es eine Maßstabsleiste. Sie erspart das Umrechnen mit dem Maßstab.

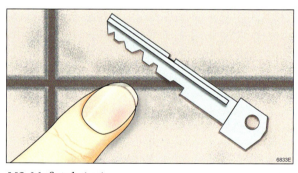

M2 *Maßstab 1 : 1*

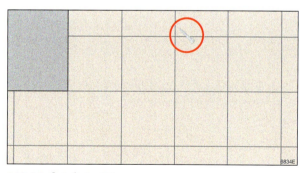

M3 *Maßstab 1 : 10*

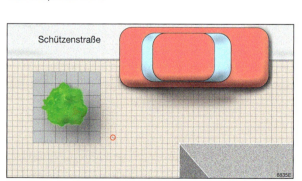

M4 *Maßstab 1 : 100*

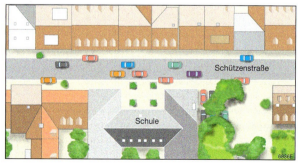

M5 *Maßstab 1 : 1000*

Der Planet Erde

M6 *Physische Karte im Maßstab 1 : 750 000*

M7 *Physische Karte im Maßstab 1 : 1 500 000*

Info

Maßstab
Die Karte M7 hat den Maßstab 1:1 500 000. Alles ist 1 500 000-mal kleiner als in Wirklichkeit. Einem Zentimeter auf der Karte entsprechen 1 500 000 cm in Wirklichkeit. 1 500 000 cm sind 15 000 m oder 15 km. Einem Zentimeter auf der Karte entsprechen also 15 Kilometer in Wirklichkeit.

Maßstabsgrößen:

1 :	100	großer Maßstab
1 :	1 000	
1 :	1 000 000	kleiner Maßstab
1 :	10 000 000	

So bestimmst du auf einer Karte die kürzeste Entfernung (Luftlinie) zwischen zwei Orten:

1. Suche auf der Karte M7 die beiden Städte Aichach und Pfaffenhofen.
2. Miss mit einem Lineal den Abstand zwischen den beiden Orten. Dazu musst du das Lineal in der Mitte der angegebenen Stadtsignatur, das heißt mitten im Ortspunkt, ansetzen. Der Abstand beträgt genau 2 cm.
3. Ermittle die Entfernung in Kilometern. Da 1 cm auf der Karte 15 km in Wirklichkeit entspricht, beträgt die Entfernung zwischen Aichach und Pfaffenhofen 30 km.

2 Miss auf beiden Karten M6 und M7 mit einem Lineal die Entfernung zwischen den Städten Ingolstadt und Pfaffenhofen. Benutze die Maßstabsleiste und ermittle hiermit die tatsächliche Entfernung. Was fällt dir auf?

GEO-WISSEN • GEO-WISSEN

Finde die richtigen Begriffe.

1. Ein anderes Wort für Lufthülle (ÄHPASOMRET)
2. Entsteht dadurch, dass Gestein an der Erdoberfläche zerfällt (DOBNE)
3. Zwei Drittel der Erdoberfläche bestehen daraus (RASWES)
4. Ein Buch mit vielen Karten (LSAAT)
5. Die äußerste Schale der Erde (DRREETSUK)
6. Damit kann man Großes klein darstellen (SMASASBT)
7. Eine Grundlage des Lebens auf der Erde (OSNEN)
8. In unserem Sonnensystem gibt es neun davon (NNPETLAE)
9. Ungefähre Form der Erde (GLUKE)

Wahrheit oder Lüge?

1. Es gibt auf der Erde zwei Punkte, von denen aus jeder Weg entweder nur nach Norden oder nur nach Süden führt.
2. Die zehn Planeten liegen wie Inseln im Meer.
3. Es gibt mehr Landfläche als Wasserfläche auf der Erde.
4. Der Nullmeridian teilt die Erde in eine Nordhalbkugel und eine Südhalbkugel.

Die wichtigen Begriffe sind durch Punkte ersetzt. Ergänze die Sätze und schreibe sie in dein Heft.

1. Die Erde hat die Gestalt einer .... .
2. Das verkleinerte Modell der Erde ist der .... .
3. Die feste Gesteinshülle der Erde besteht aus verschiedenen .... .
4. Von Norden nach Süden verlaufende Linien im Gradnetz der Erde heißen .... .
5. Von Osten nach Westen verlaufende Linien im Gradnetz heißen .... .
6. Die Erde ist ein Teil unseres .... .
7. Der längste Breitenkreis ist der .... .

Ein Schiff kentert und funkt SOS. Seine Position ist 20° n. B. und 40° w. L.
Bestimme die Position auf der Weltkarte.

Zwei andere Schiffe haben folgende Positionen:
1. Schiff: 20° n. B., 20° w. L.
2. Schiff: 20° s. B., 20° w. L.
Bestimme auch deren Lage.
Gib an, welches der beiden Schiffe näher bei dem kenternden Schiff ist.

Drei Kontinente und drei Ozeane sind in Silben zerlegt. Setze sie zusammen.
EU – ANT – AT – PA – RO – FIK – ARK – IN – ZI – LAN – DIK – PA – AF – TIK – KA – RI – TIS

Hier hat sich der Fehlerteufel eingeschlichen. Schreibe den Text richtig in dein Heft.

Wagemutige Männer trugen mit ihren Entdeckungsreisen dazu bei, viele neue Erkenntnisse über die Erde zu gewinnen. Kolumbus erreichte auf dem Landweg das sagenumwobene China, Magellan entdeckte 1492 Amerika. Beide Seefahrer stellten fest, dass die Erde eine Scheibe ist.
Heute erkennt man die Form der Erde zum Beispiel aus Abbildungen aus dem Weltall. Auf den Bildern erscheint die Erde braun und grün, weil der größte Teil Festland ist.

Naturräume in Bayern

Auf dem Großen Arber im Bayerischen Wald

Auf der Zugspitze

und Deutschland

An der Nordseeküste

Im Norddeutschen Tiefland

M1 *Naturräume und Gewässer in Deutschland*

Naturräume in Bayern und Deutschland

M2 *Norddeutsches Tiefland*

M3 *Oberpfälzer Wald*

Die Großlandschaften Deutschlands

Naturräume und Gewässer

In Deutschland gibt es von Norden nach Süden vier große Naturräume:

Das Norddeutsche **Tiefland** ist überwiegend eben bis leicht hügelig mit nur wenigen Erhebungen, die kaum 200 Meter Höhe erreichen.

Die Zone der **Mittelgebirge** besteht aus zahlreichen Gebirgen, zwischen denen sich weite Senken und Täler erstrecken. Die höchsten Berge der stark bewaldeten Mittelgebirge sind knapp 1500 Meter hoch.

Das **Alpenvorland** mit seiner flachen bis hügeligen Landschaft steigt zu den Alpen hin allmählich von 300 bis 400 Metern auf etwa 800 Meter Höhe an.

Die Alpen sind ein **Hochgebirge**. Sie bilden die südliche Grenze Deutschlands. Hier findet man steil aufragende Gebirgsmassive mit Gletschern und tief eingeschnittenen Tälern. Die Zugspitze ist mit 2962 Metern der höchste Berg Deutschlands.

Quer durch Süddeutschland zieht sich von Südwesten nach Nordosten eine bedeutende **Wasserscheide**: Der Rhein und die Flüsse Norddeutschlands mit ihren Nebenflüssen fließen nach Norden in die Nordsee und die Ostsee, die Donau mit ihren Nebenflüssen fließt nach Südosten ins Schwarze Meer.

1 Stelle die Merkmale der großen Naturräume Deutschlands zusammen (M2 – M5, Text).

2 Ermittle die Namen der Gebirge und Gewässer in M1 (Atlas).

3 Lege Transparentpapier auf eine Atlaskarte von Süddeutschland. Zeichne alle Flüsse, die in Richtung Rhein fließen, blau nach, diejenigen, die in Richtung Donau fließen, schwarz. Zeichne zwischen deine „blauen" und „schwarzen" Flüsse eine rote Linie. Diese ist die Wasserscheide. Klebe deine Zeichnung ins Erdkundeheft. Vergiss nicht die Überschrift!

M4 *Alpenvorland*

M5 *Alpen*

BLICK IN DEN HEIMATRAUM

www
www.juramuseum.de
www.mpz.bayern.de
www.nhg-nuernberg.de
www.museum-siegsdorf.de
www.fuerstenzeche.de

Spurensuche vor Ort

Vielerlei Spuren

Unser Heimatraum ist ein Teil der Erdoberfläche. Hier finden wir „Überreste", so genannte Spuren, die aus der Erdgeschichte stammen. Diese Spuren, wie Gesteine, Fossilien oder Oberflächenformen, sind Zeugen aus vergangenen Zeiten. Daneben gibt es auch Spuren von Vorgängen, die ganz aktuell ablaufen, etwa von Erdrutschen oder Hochwasser.

Spuren kennen lernen

Um Spuren zu entdecken müsst ihr erst wissen, welche man finden kann und wie man es lernt, sie wie ein Detektiv zu entschlüsseln. Es gibt dafür einige geeignete Einrichtungen, die jeder nutzen kann.

Naturkundliche Museen haben Fossilien und Gesteine aus den verschiedenen Abschnitten der Erdgeschichte ausgestellt. Sie erklären euch mit Bildern und manchmal auch mit Trickfilmen, unter welchen Bedingungen die gezeigten Stücke entstanden und wo ihre typischen Fundorte liegen. So stammt etwa der Kalkstein der Fränkischen Alb aus den Überresten toter Meerestiere in einem flachen und warmen Meer des Erdmittelalters.

Lehrpfade führen euch zu besonderen Stellen in der Landschaft, an denen ihr „direkt" Einblicke in die Erdgeschichte bekommt (z.B. Namen von Gesteinen). Sie machen euch auch auf besondere Geländeformen aufmerksam (z.B. Schluchten, Steinbrüche).

Stillgelegte Bergwerke (z.B. Salzbergwerke) zeigen euch, wie und was aus der Erde gefördert wurde. In Schauhöhlen erkennt ihr, wie die Höhlen entstanden sind und welche besonderen Formen sich darin bildeten (z.B. Tropfsteine).

M1 *Station auf einem Lehrpfad*

M2 *Tropfsteinhöhle*

BLICK IN DEN HEIMATRAUM

Macht euch nun auf eure eigene Spurensuche:

- Erkundigt euch bei eurer Gemeindeverwaltung und dem Landratsamt nach naturkundlichen Lehrpfaden und Naturdenkmälern in der Stadt bzw. im Landkreis.

- Informiert euch über Steinbrüche in eurer Umgebung. Sammelt dort Steine und eventuell Fossilien. Achtung: Fragt um Erlaubnis, wenn in den Steinbrüchen noch abgebaut wird. Schützt euch gegen Steinschlag (Helm!).

- Findet heraus, was euch Kies- und Sandgruben über Aufbau und Entstehung des Untergrunds verraten.

- Bestimmt die Gesteine, aus denen alte Gebäude (Kirchen, Rathaus, Schloss, Burg, Brücke) eures Ortes gebaut sind (seht auch Seite 63 M6). Untersucht die alten Grabsteine des Friedhofs. Fragt einen Steinmetz, woher sie stammen.

- Beobachtet die Folgen von Hochwasser und starken Gewitterregen. Findet heraus, wie sich die Ufer der Bäche oder Steilhänge verändert haben.

- Sichert die von euch entdeckten Spuren. Fotografiert sie oder zeichnet eine Skizze. Befragt andere Fachleute, wie den Kreisheimatpfleger, dazu.

- Stellt eine Wandzeitung zu euren Untersuchungen zusammen.

Info

Fossilien
Fossilien sind versteinerte Überreste von Tieren und Pflanzen aus der Erdgeschichte. Heute kann man mit wissenschaftlichen Methoden das Alter von Fossilien bestimmen und damit auch das Alter des Gesteins, in dem sie eingebettet sind.

M5 *Ammonit (ca. 150 Mio. Jahre alt)*

M3 *Hausmauer aus Naturstein*

M4 *Steinbruch*

M1 *Blick auf die Allgäuer Alpen*

Die Alpen – aus der Tiefe aufgefaltet

Gesteine berichten

- Die mächtigen Kalksteinschichten der Kalkalpen enthalten Versteinerungen von Meerestieren. Die Ablagerung erfolgte also in einem Meer. Diese zunächst lockeren Sedimente wurden später zu festem **Sedimentgestein**.
- Viele Gesteine sind gefaltet: Es gibt winzige Gesteinsfalten von einigen Millimetern, aber auch Riesenfalten von vielen Kilometern Größe. Die **Faltung** konnte nur viele Kilometer unter der Erdoberfläche erfolgen, wo sehr hoher Druck und Temperaturen von ein paar hundert Grad die festen, spröden Gesteine plastisch und dadurch formbar werden lassen.
- Manche Gesteine wurden im Erdinneren in andere umgewandelt. Man nennt sie **Umwandlungsgesteine** oder auch, nach dem griechischen Wort mit der gleichen Bedeutung, **metamorphe Gesteine** (siehe auch Seiten 66/67).
- Auch durch Abkühlung und Erstarrung von glutflüssigem Magma sind Gesteine erstanden. Sie heißen **Erstarrungsgesteine** oder **magmatische Gesteine**.
- Heute finden wir solch gefaltete, umgewandelte oder in der Tiefe erstarrte Gesteine an der Erdoberfläche. Wie kommen sie da hin? Zwei Erdplatten, die afrikanische und die eurasische, bewegen sich seit vielen Millionen Jahren aufeinander zu (siehe Seite 23). Die Gesteine in diesem Bereich wurden zusammengedrückt und nach oben gepresst. Im Zuge dieser **Hebung** erschienen die Alpen über dem Meeresspiegel und wurden im Laufe langer Zeiträume zu einem Hochgebirge.

Der Anfang vom Ende

Sobald ein Faltengebirge aus dem Meer auftaucht, wird es abgetragen. Zunächst lockern und zerkleinern Hitze und Frost, Wind und Regen sowie Lebewesen die Oberfläche der Gesteine; das ist die **Verwitterung**.

Die Alpen
Ost-West-Erstreckung: 1000 km
Nord-Süd-Erstreckung: 250 km
Höchster Berg:
   Montblanc 4807 m
Grenze West-/Ostalpen:
   Bodensee – Comer See
Gliederung der Ostalpen:
   Nördliche Kalkalpen
   Zentralalpen
   Südliche Kalkalpen
Niedrigster Pass durch die Zentralalpen:
   Brennerpass 1374 m
Bekannte Alpentunnel:
   St. Gotthard-Tunnel, Tauern-Tunnel, Montblanc-Tunnel

M2 *Die Alpen im Überblick*

Naturräume in Bayern und Deutschland

Gelockertes Material kann aufgrund der Schwerkraft steile Hänge hinunterstürzen (Steinschlag, Bergsturz) und von Wasser, Wind und Eis zu Tal transportiert werden. Dies nennt man Abtragung oder **Erosion**. Schließlich lagert sich das transportierte Material, meist fein zerrieben, in einem Becken oder im Meer ab. Dort findet die Ablagerung oder **Sedimentation** statt. Das nördliche und das südliche Alpenvorland bestehen größtenteils aus abgelagertem „Alpenschutt".

Ein junges Faltengebirge

Die Alpen, das größte und höchste Gebirge Europas, erscheinen uns fest und unveränderlich. Aber durch Kräfte aus dem Erdinneren werden sie emporgehoben, jedes Jahr ein paar Millimeter. Und gleichzeitig werden sie an der Oberfläche abgetragen, um ungefähr denselben Betrag. Ihre Faltung, Hebung und Abtragung sind bis heute nicht abgeschlossen: Die Alpen sind ein junges **Faltengebirge**.

M4 *Gesteinsfalten*

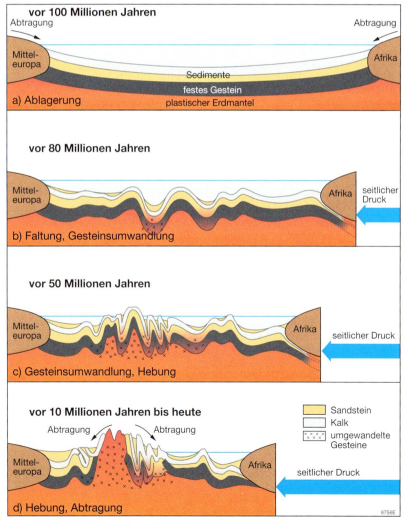

M3 *Die Entstehung der Alpen*

1 Zeichne auf ein DIN-A4-Blatt grob den Umriss der Alpen (Atlas). Trage mithilfe von M2 und dem Atlas ein: Grenze Ost-/Westalpen, Namen der Alpenländer, zehn große Alpenstädte, Gebiete mit über 3000 m Höhe, fünf hohe Alpengipfel sowie drei Alpenpässe.

2 Beschreibe die typischen Formen der Alpen (M1, M4).

3 Schildere, was Kalkstein und metamorphe Gesteine über die Entstehung der Alpen aussagen.

4 Berichte über die Geschichte der Alpen. Verwende dazu M3. Werte die vier Skizzen nacheinander aus: Achte auch auf Einzelheiten!

Info

Profil
In der Erdkunde versteht man unter einem Profil einen Schnitt durch ein Stück Erdkruste. Neben den Höhen (Höhenprofil) können weitere Informationen enthalten sein, zum Beispiel Pflanzenwuchs (Vegetationsprofil) oder Gesteinsschichten (geologisches Profil).

Höhenprofile zeichnen

Die Schülerinnen und Schüler der 5. Klasse wollen ihren „Hausberg" in der Nähe der Schule erkunden: Wie steil ist der Anstieg? Dazu machen sie einen Unterrichtsgang.

Einige Kinder bestimmen die Höhen mit einem Höhenmesser. Andere stellen die Wegstrecke fest. Dazu zählen sie ihre Schritte. Vorher wurde bestimmt, wie viele Schritte jeder von ihnen zum Beispiel auf zehn Meter macht.

Der Ausgangspunkt liegt 100 m über dem Meeresspiegel. Von dort aus geht es schnurgerade hinauf zum Gipfel. Nach jeweils 100 m Entfernung wird die Höhe auf dem Höhenmesser abgelesen. Die Werte werden in eine Tabelle eingetragen (siehe M1).

Nach dem Unterrichtsgang zeichnen die Schüler anhand der Messwerte ein Höhenprofil, also eine Linie, die Anstieg oder Gefälle entlang der Messstrecke anzeigt (siehe M3).

M2 *Einen Anstieg messen und zeichnen*

Entfernung	Höhe
0 m	100 m
100 m	170 m
200 m	230 m
300 m	250 m
400 m	260 m
500 m	280 m
600 m	300 m
700 m	340 m
800 m	390 m
900 m	440 m
1000 m	510 m

M1 *Mess-Ergebnisse „Hausberg"*

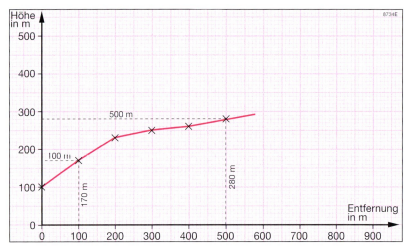

M3 *Höhenprofil aus den Messwerten in M1*

Die Höhen einer Karte entnehmen und zeichnen

Wanderkarten enthalten Höhenlinien, physische Atlaskarten Höhenschichten, die durch Höhenlinien begrenzt sind. Mit ihrer Hilfe kann man ein **Höhenprofil** zeichnen ohne das Gelände selbst zu vermessen.

So zeichnest du ein Höhenprofil mithilfe einer Höhenlinienkarte:

1. Profillinie festlegen (M4)
Überlege dir, zwischen welchen Punkten der Karte du das Profil zeichnen möchtest. Markiere die beiden Punkte A und B durch Kreuze und verbinde sie durch eine gerade Linie (Bleistift!).

2. Höhenangaben aus der Karte entnehmen (M4)
Lege an deine Profillinie AB einen Papierstreifen an. Zeichne darauf zunächst die Endpunkte im richtigen Abstand ein. Achte darauf, dass der Papierstreifen nicht verrutscht. Übernimm nun die Höhen aus der

1 Übertrage das Höhenprofil M3 in dein Heft und vervollständige es mithilfe der Tabelle M1.

2 Stelle jeweils die Vorteile und die Nachteile von Tabelle (M1) und Höhenprofil (M3) zusammen.

GEO-METHODE • GEO-METHODE 49

Info

Höhenmesser
Die Luft drückt in verschiedenen Höhen unterschiedlich stark auf den Untergrund. Diese Unterschiede nutzt ein Höhenmesser zur Bestimmung der Höhenlage eines Ortes. Die Anzeige kann durch Zeiger oder digital erfolgen.

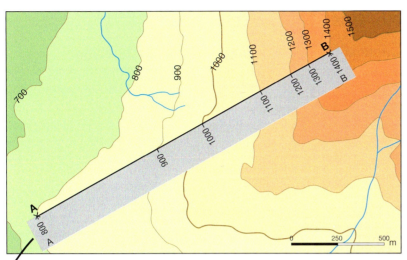

M4 *Höhenangaben aus einer Karte*

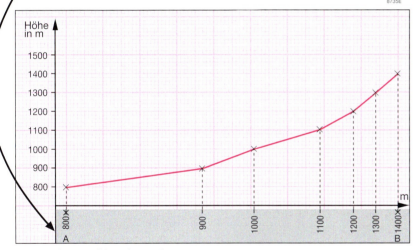

M5 *Höhenprofil aufgrund einer Karte*

Karte auf den Papierstreifen: Wo eine Höhenlinie die Profillinie schneidet, ist das Gelände gerade so hoch, wie die Höhenlinie anzeigt. Beachte: Wenn die Karte sehr viele Höhenlinien enthält, solltest du nur die dicker gezeichneten berücksichtigen!

3. Achsen zeichnen und Maßstab festlegen (M5)
Zeichne in dein Heft, am besten auf eingeklebtes Millimeterpapier, eine waagrechte Entfernungs- und eine senkrechte Höhenachse (wie in M3). Die Maßstabsleiste der Karte zeigt dir, wie du die beiden Achsen einteilen musst.

4. Die Profillinie in das Achsenkreuz eintragen (M5)
Lege den Papierstreifen mit den Höhenangaben unter die waagrechte Achse. Zeichne nun die Punkte der Profillinie: Geh von jeder Höhenangabe auf dem Papierstreifen genau senkrecht nach oben. Die zugehörige Höhe liest du auf der senkrechten Achse ab und trägst sie ein. Zuletzt verbindest du die Punkte zu einer Linie: Das Höhenprofil ist fertig.

3 Besorge dir eine Wanderkarte mit Höhenlinien. Zeichne ein Höhenprofil zwischen Start und Ziel einer Wanderung. Gehe dabei so vor, wie es die Abbildungen M4 und M5 zeigen.

4 Dein Atlas enthält mehrere Profile. Stelle sie in einer Tabelle zusammen (Atlasseite, Titel).

M1 *Alpenblumen*

Höhenstufen in den Alpen

Ungünstige Lebensbedingungen im Hochgebirge

Für einen Aufenthalt im Hochgebirge werden warme Kleidung, Wind- und Regenschutz, ein Sonnenöl mit hohem Lichtschutzfaktor sowie eine Sonnenbrille dringend empfohlen. Dort herrschen andere Bedingungen als in tiefer gelegenen Gebieten. Es ist kälter, der Wind bläst stärker, die Niederschläge sind höher, die Sonneneinstrahlung ist intensiver und der Anteil des für Haut und Augen schädlichen ultravioletten Lichts ist größer.

Höhenstufen der Pflanzenwelt

Die Pflanzen in den Alpen müssen mit diesen ungünstigen Bedingungen zurecht kommen. Sie haben sich angepasst. Je höher ein Gebiet liegt, desto schwieriger ist es zu überleben. Daher haben sich **Höhenstufen** der Pflanzenwelt, der **Vegetation**, ausgebildet. Während bis zu 1300 m Höhe noch Laubbäume gedeihen können, findet man darüber nur noch Nadelbäume. Ab der **Waldgrenze** bei etwa 1700 m wachsen nur noch Zwergsträucher, Gräser und einzelne Blumen. Ab etwa 2200 m Höhe gibt es nur noch Fels und Eis.

Lebensräume der Alpentiere

Auch die Alpentiere haben sich den harten Bedingungen im Hochgebirge angepasst. Schneehase und Schneehuhn sind im Winter zum Schutz vor Greifvögeln weiß gefärbt wie der Schnee. Steinbock und Gämse haben ein dichtes Fell, das vor Kälte schützt; sie sind ausgezeichnete Kletterer, sodass sie auch noch Nahrung in steilem Gelände erreichen. Der Gletscherfloh lebt sogar direkt auf dem Gletschereis und ernährt sich von Pflanzenteilchen, die der Wind angeweht hat.

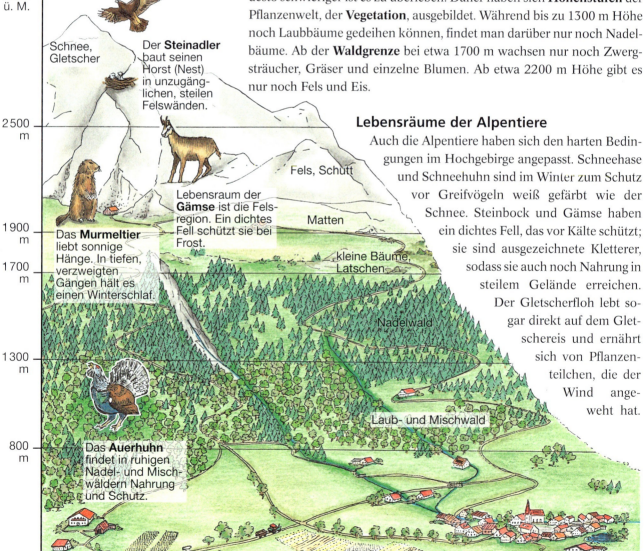

M2 *Tiere und Höhenstufen der Pflanzenwelt in den Alpen*

Naturräume in Bayern und Deutschland

M3 *Lawinenabgang*

M4 *Mure*

Gefährdung des alpinen Lebensraums

Der Naturraum Alpen wurde schon immer vom Menschen genutzt. Bergbauern betrieben in günstigen Tallagen Ackerbau und auf den Bergweiden, den Almen, Viehhaltung. An manchen Stellen wurden Erze und Salz abgebaut. Burgen, Dörfer und Städte entstanden entlang der Pass-Straßen und Handelswege. All dies störte die Natur nur in geringem Maße.

In den letzten Jahrzehnten hat sich viel geändert. Jetzt besuchen jedes Jahr 40 Millionen Urlauber und 75 Millionen Tagesgäste die Alpen. Für sie wurden Hotels und Gasthöfe, Andenkenläden, Parkplätze und vieles mehr gebaut. Zu jedem Ort, aber auch auf manche Gipfel und zu Gletschern führen heute Straßen. In den Bergwald wurden breite Schneisen für Straßen, Bergbahnen, Skilifte und Skiabfahrten geschlagen. Schwere Raupenfahrzeuge ebnen Pisten und Loipen ein.

So wird der Lebensraum vieler Pflanzen- und Tierarten immer mehr eingeengt; manche sind vom Aussterben bedroht. Aber auch Menschen sind gefährdet. Der „löchrig" gewordene Bergwald kann die winterlichen Schneemassen nicht mehr überall festhalten. Diese donnern als Lawinen zu Tal, zerstören Gebäude und Verkehrswege und fordern beinahe jedes Jahr Todesopfer. Viele Tallagen sind auch durch Muren gefährdet. Das sind Schlamm- und Geröllströme, die nach starken Regenfällen entstehen: Schmelz- und Regenwasser durchweicht den ungeschützten, lockeren Untergrund, der schließlich als ein Brei aus Wasser, Gestein und Erdreich ins Tal fließt und dort großen Schaden anrichten kann. Auch die Überschwemmungen nehmen zu. Das Wasser kann ungehemmt abfließen und gefährdet die Täler der Alpen und des Alpenvorlandes.

1 Beschreibe die natürlichen Bedingungen, unter denen Pflanzen und Tiere im Hochgebirge leben (M2, Text).

2 Berichte über die Anpassungen der Alpentiere an ihre Umwelt (M2, Text, Biologiebuch).

3 Begründe, warum viele Alpenpflanzen und Alpentiere vom Aussterben bedroht sind.

4 Erkläre, wie durch die Schädigung des Bergwaldes „Natur"-Katastrophen begünstigt werden (Text, M3, M4).

M1 *Schematische Darstellung eines Gletschers*

Info

Kleine Gletscherkunde
Gletscher: Eis- und Schneemasse, die langsam talwärts fließt (30 – 200 m pro Jahr).
Nährgebiet: oberer Teil des Gletschers, in dem der Schnee im Sommer nicht vollständig abschmilzt und zu Eis wird.
Kar: eine durch das Eis ausgeschürfte Vertiefung.
Zehrgebiet: unterer Teil des Gletschers, in dem das Eis allmählich abschmilzt.
Gletscherspalte: Riss im Gletschereis.
Gletscherzunge: der unterste, häufig zungenförmige Teil des Gletschers.
Gletschertor: Höhle unter dem Ende der Gletscherzunge. Hier sammelt sich das Schmelzwasser und bildet einen Gletscherbach.
Moräne: vom Gletscher mitgeführter Schutt, der an seinem Ende (Endmoräne), am Rand (Seitenmoräne) oder am Grund (Grundmoräne) abgelagert wird.

Gletscher überformen die Alpen

Gletscher – Reste der Eiszeiten

In den **Eiszeiten** bedeckten mehrere hundert Meter mächtige **Gletscher** weite Teile der Alpen und des Alpenvorlandes. Diese flossen langsam aus den Hochlagen des Gebirges durch die Täler bis ins Vorland, wo sie schließlich abschmolzen.

Heute leben wir in einer Warmzeit. Von den Gletschern der Eiszeiten ist nicht viel übrig geblieben. Zwar findet man noch etwa 4000 kleinere und größere Gletscher, die nur noch einen sehr geringen Teil der Alpen bedecken und zudem immer weiter abschmelzen.

Abtragung im Gebirge

Auf ihrem Weg talwärts bearbeiteten die Gletscher der Eiszeiten die Gesteinsmassen des Untergrundes: Gesteinsbrocken vermischten sich mit dem Eis, wurden aneinander gerieben, schliffen die Oberfläche des Untergrundes ab und legten diese tiefer. Die vorher engen Flusstäler wurden tief und breit ausgeschürft. Sie heißen **Trogtäler** oder nach ihrer unten abgerundeten Form auch U-Täler. Das Eis hat die Alpen „überformt".

M2 *Tschierva-Gletscher mit Piz Bernina (4049 m)*

Naturräume in Bayern und Deutschland

M3 *Trogtal*

Ablagerung im Vorland

Als die Gletscher am Ende der Eiszeiten abschmolzen, blieb das mitgeführte Gestein in Form von **Moränen** liegen. Die Wälle der Endmoränen zeigen noch heute an, dass die Gletscher einst bis zu 50 km ins Alpenvorland reichten. Südlich der Endmoränen befindet sich die hügelige Grundmoränenlandschaft. Einige Gletscherzungen haben Mulden ausgeschürft, die sich mit Wasser gefüllt haben: So sind Zungenbeckenseen entstanden. Bäche und Flüsse haben aus den Moränen Gesteinsmaterial herausgespült. Die Brocken wurden beim Transport aneinander gerieben und abgerundet zu Kieselsteinen oder Schottern. Die groben Schotter wurden nördlich der Endmoränen abgelagert: Es entstanden Schotterebenen.

Die typische Abfolge – Grundmoränenlandschaft mit Zungenbeckenseen, Endmoränenwälle, Schotterebenen – wie sie am Alpenrand an vielen Stellen zu beobachten ist, nennt man **glaziale Serie**.

Beginn vor … Jahren	
10 000	Nacheiszeit
115 000	Würm-Eiszeit
130 000	Warmzeit
280 000	Riss-Eiszeit
380 000	Warmzeit
600 000	Mindel-Eiszeit
	Warmzeit
950 000	Günz-Eiszeit
	Warmzeit
1 800 000	Ältere Kaltzeiten

M5 *Die Eiszeiten im Alpenvorland*

1 Beschreibe M2. Verwende dazu die Fachbegriffe aus M1.

2 Beschreibe die Form eines Trogtales (M3). Erläutere seine Entstehung.

3 Werte M4 und den Text aus:
a) Beschreibe die Oberflächenformen zwischen Alpen und Donau.
b) Erkläre den Fachausdruck „glaziale Serie".

4 Schraffiere in einer Umrissskizze von Deutschland die in den Eiszeiten vergletscherten Gebiete (Atlas).

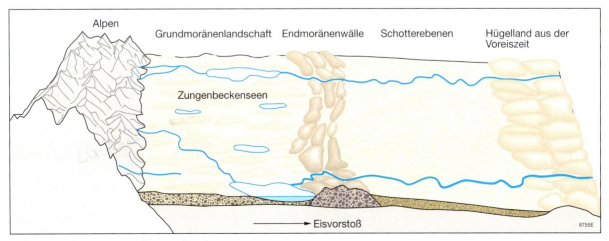

M4 *Glaziale Serie im Alpenvorland*

Fremdenverkehr im Alpenraum

M1 *Lage von Garmisch-Partenkirchen in Bayern*

Garmisch-Partenkirchen – bedeutender Fremdenverkehrsort

Nur 27 000 Einwohner zählt Garmisch-Partenkirchen, aber im Jahr 2000 kamen über 312 000 Gäste. In den rund 950 Beherbergungsbetrieben des Ortes zählte man mehr als 1,3 Millionen Übernachtungen. Ein großer Teil der Arbeitsplätze ist direkt vom **Fremdenverkehr** abhängig.

Saison während des ganzen Jahres

Zweimal im Jahr, in den Sommer- und in den Wintermonaten, ist in Garmisch-Partenkirchen **Hauptsaison**.

In der Sommersaison suchen die Gäste Entspannung und Abwechslung beim Wandern und Bergsteigen. Manche lockt das „Abenteuer Berg" mit Kletterpartien oder steilen Aufstiegen, andere die abwechslungsreiche Landschaft mit bunten Almwiesen, sprudelnden Gebirgsbächen und

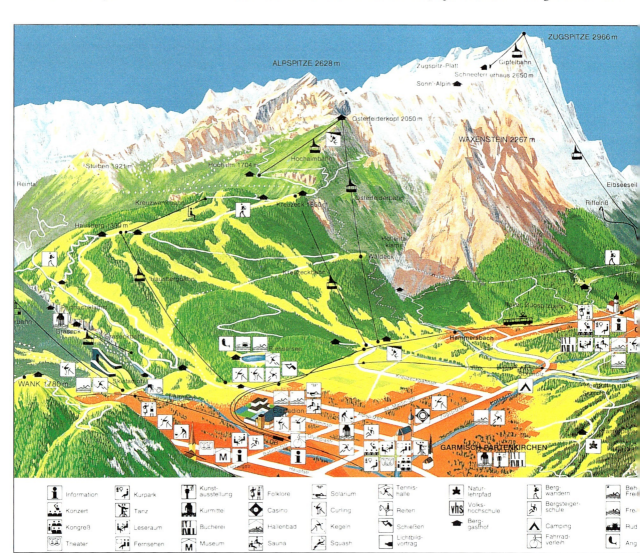

M2 *Garmisch-Partenkirchen im Sommer*

Naturräume in Bayern und Deutschland

bequemen Bergbahnen. Mögliche Ausflugsziele sind die bayerischen Schlösser und Seen. In der Wintersaison kommen als Gäste vor allem Ski- und Snowboardfahrer. Von Oktober bis Mai gelten die höheren Lagen als schneesicher und auf dem Zugspitzplatt ist deshalb über einen sehr langen Zeitraum Wintersport möglich. Besondere Attraktionen sind die Weltcup-Skiwettbewerbe und ein Springen der Vierschanzentournee. 1936 fanden hier sogar die Olympischen Winterspiele statt.

Im Frühjahr und Herbst, in der **Nebensaison**, versucht man durch preisgünstige Angebote Urlauber zu gewinnen. Auch für einen Kuraufenthalt wird geworben, denn aufgrund des anregenden Gebirgsklimas und der sauberen Luft ist Garmisch-Partenkirchen ein „heilklimatischer Kurort".

Monat	Jan	Feb	Mär	Apr	Mai	Jun	Jul	Aug	Sep	Okt	Nov	Dez
Übernachtungen	100	190	90	70	80	120	160	160	140	100	30	80

M3 *Übernachtungen in Garmisch-Partenkirchen 2000 (in 1000)*

1 Zeichne ein Säulendiagramm zu M3. Kennzeichne im Diagramm Haupt- und Nebensaison mit verschiedenen Farben.

2 a) Stelle ein Programm für drei Urlaubstage im Sommer oder im Winter zusammen (M2, M4).
b) Fertige eine Liste mit Möglichkeiten für verregnete Tage.

www
www.garmisch-partenkirchen.de

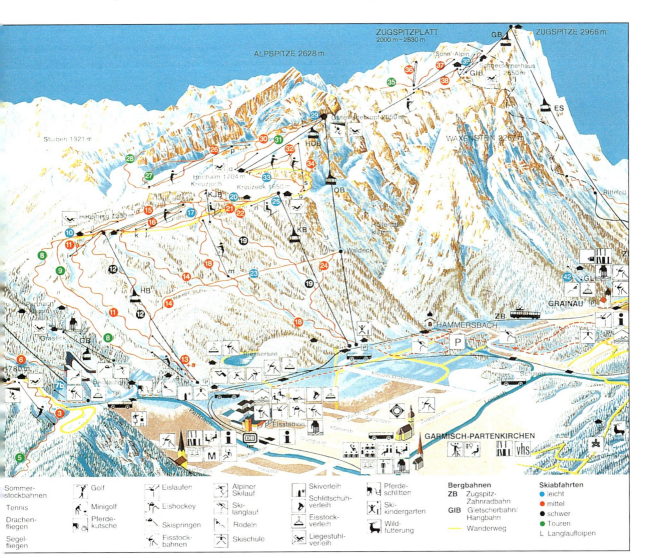

M4 *Garmisch-Partenkirchen im Winter*

Hochgebirge der Welt

Junge Faltengebirge

Die Alpen sind nur ein kleiner Teil eines riesigen Hochgebirgsgürtels, der quer durch Europa und Asien verläuft. Ein zweiter großer Gebirgszug erstreckt sich rund um den Pazifischen Ozean. Die Gesteine dieser Gebirge wurden wie die der Alpen erst in der Erdneuzeit im Erdinneren gefaltet und anschließend als Gebirge herausgehoben. Ihre Entstehung ist bis heute noch nicht abgeschlossen. Es sind junge Faltengebirge.

Erdplatten in Bewegung

Vulkanismus und Erdbeben treten vor allem dort auf, wo die jungen Faltengebirge liegen. Dies ist kein Zufall.

- Die gesamte Erdoberfläche besteht aus verschiedenen Platten (siehe Seite 23). Diese Erdplatten sind auf einem plastischen Untergrund beweglich: Sie bewegen sich um einige Zentimeter im Jahr.
- Wenn sich Platten aufeinander zu bewegen, geraten die Gesteine dazwischen unter Druck: Sie werden gefaltet und teilweise in metamorphe Gesteine umgewandelt, dann hochgedrückt, das heißt gehoben: Ein Faltengebirge entsteht.
- Wenn die Plattenränder sich bei ihren Bewegungen verhaken und die dadurch entstehende Spannung sich ruckartig löst, spüren wir dies als Erdbeben.
- Wenn bei den Verschiebungen an den Plattengrenzen Spalten aufreißen und geschmolzenes Gestein aus der Tiefe, das Magma (siehe Seite 60), bis an die Erdoberfläche dringt, kommt es zu Vulkanausbrüchen.

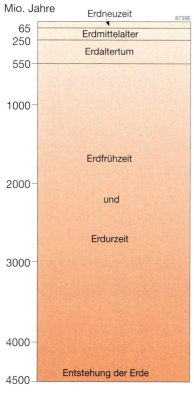

M1 *Die Epochen der Erdgeschichte*

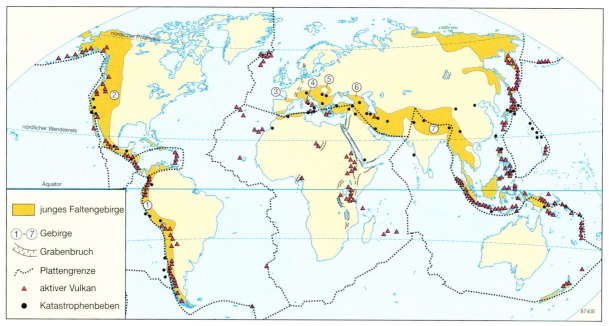

M2 *Faltengebirge, Vulkane, Erdbeben*

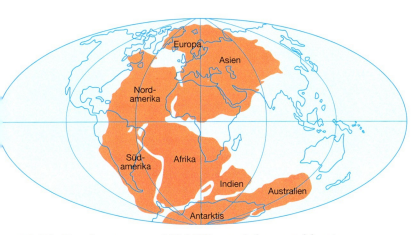

M3 *Die Kontinente – vor 200 Millionen Jahren und heute*

Ergebnis eines Frontalzusammenstoßes: der Himalaya

Vor etwa 220 Millionen Jahren gab es auf der Erde nur einen einzigen riesigen Kontinent. Dieser zerbrach und aus den Teilstücken entstanden unsere heutigen Kontinente.

Vor etwa 140 Millionen Jahren lösten sich die indische, die afrikanische, die antarktische und die australische Platte voneinander. Alle vier lagen auf der südlichen Halbkugel. Vor 70 Millionen Jahren drehte sich die indische Platte und driftete relativ rasch nach Norden. 20 Millionen Jahre später kam es zum Zusammenstoß mit der eurasischen Platte: Die Gesteine dazwischen wurden stark aufgefaltet und angehoben; das höchste Gebirge der Welt, der Himalaya, entstand.

Bis heute schiebt sich die indische Platte unter die eurasische. Dadurch kommt es immer wieder zu schweren Erdbeben. Die Hebung des Gebirges ist noch nicht zu Ende.

1 Begründe, warum man die Hochgebirge der Erde als „jung" bezeichnet (M1, Text).

2 Fertige eine Liste der mit ①–⑦ bezeichneten jungen Faltengebirge an (M2, Atlas).

3 Erkläre, warum Hochgebirge, Vulkane und Erdbeben häufig im selben Gebiet vorkommen (Text, M2, Atlaskarten „Geotektonik" und „Erdbeben und Vulkanismus/Plattentektonik").

4 Arbeite die Unterschiede in der Lage der Kontinente vor 200 Millionen Jahren und heute heraus (M3). Benutze die Himmelsrichtungen zu deiner Erläuterung.

5 Berichte über die Entstehung des Himalayas (M4, Text).

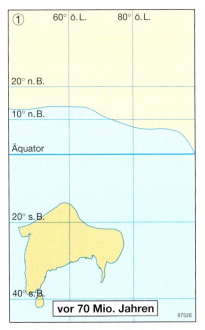
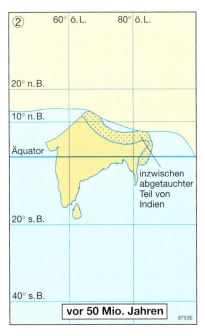

M4 *Indiens Weg nach Asien*

M1 *Mittelgebirgslandschaft (Bayerischer Wald)*

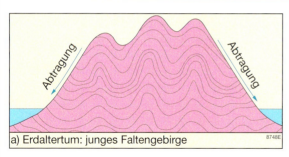

a) Erdaltertum: junges Faltengebirge

Im frühen Erdaltertum:
Ein mächtiges *Faltengebirge*, größer als die Alpen, entsteht. Es erstreckt sich vom heutigen Spanien und Südirland über Frankreich quer durch Deutschland bis nach Polen.

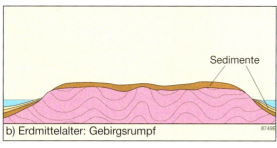

b) Erdmittelalter: Gebirgsrumpf

Im späten Erdaltertum und im Erdmittelalter:
Das Gebirge wird so stark eingeebnet, dass seine Reste nur noch wenig über dem Meeresspiegel liegen. Es ist ein *Gebirgsrumpf* mit einer *Rumpffläche* entstanden. Der Gebirgsrumpf wird zum Teil vom Meer überflutet. Dort werden Sedimente abgelagert.

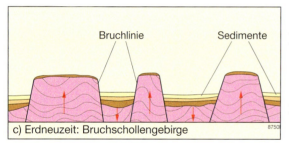

c) Erdneuzeit: Bruchschollengebirge

In der Erdneuzeit:
Der Druck der Alpenfaltung lässt den Gebirgsrumpf in große Stücke, *Bruchschollen*, zerbrechen. Manche werden in die Höhe gehoben; das sind die heutigen Mittelgebirge.

M2 *Entstehung der Mittelgebirge*

Die Mittelgebirge – älter als die Alpen

Bewaldete Höhen

Vom Rheinischen Schiefergebirge bis zu den Sudeten erstreckt sich quer durch Deutschland eine Zone, die deutsche Mittelgebirgsschwelle genannt wird. Es handelt sich dabei um zahlreiche einzelne Mittelgebirge, deren Berge meist 800 bis 1500 Meter Höhe erreichen. Häufig wirken sie ziemlich flach, abgerundet mit sanft geböschten Hängen. Nur selten tritt das Gestein zutage. Die Höhen sind von Misch- und Nadelwäldern überzogen. Breite Senken und Täler trennen die einzelnen Mittelgebirge voneinander.

Reste einer langen Geschichte

Einen Überblick über die Entstehung unserer Mittelgebirge gibt M2. Einige Spuren weisen noch auf ihre lange Geschichte hin.

- Wichtigste Zeugen des alten Faltengebirges sind die Gesteine. Viele zeigen noch die alte Faltung. Andere wurden durch den Druck und die Hitze des Erdinneren umgewandelt in metamorphe Gesteine, etwa in Gneis und Glimmerschiefer. Auch in der Tiefe erstarrter Granit ist anzutreffen.
- Die flachen oder sanft geböschten Höhen, die der Landschaft heute ihr typisches Aussehen geben, zeigen, dass das Gebirge abgetragen wurde zu einem **Gebirgsrumpf**. Die flachen Gebiete sind Reste der alten **Rumpffläche**, die den Gebirgsrumpf überzog.
- Die Mittelgebirge selbst sind die emporgehobenen **Bruchschollen** des zerbrochenen Gebirgsrumpfes. Einige Bruchschollen sind aber auch eingesunken. Dann spricht man von **Grabenbruch**. Am bekanntesten ist der Oberrheingraben mit der Oberrheinischen Tiefebene (siehe auch Seite 63).

1 Vergleiche das Aussehen der Mittelgebirge (M1, Text) mit dem der Alpen (Seite 46): Liste die unterschiedlichen Merkmale auf.

2 Gib einen Überblick über die Entstehung der deutschen Mittelgebirge (M2, Text).

3 Beschreibe die Form des Oberrheingrabens (M4) und erläutere seine Entstehung (M2, M3).

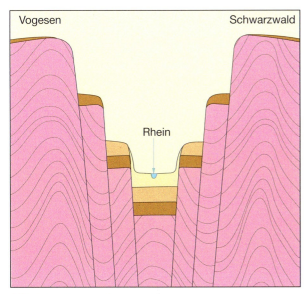

M3 *Oberrheingraben (Schema)*

M4 *Blick in den Oberrheingraben*

Info

Kleine Vulkankunde

Magma (das M.): geschmolzenes Gestein in der Erdkruste bzw. im Erdmantel

Lava (die L.): an der Erdoberfläche ausfließendes geschmolzenes Gestein

Vulkanische Asche: fein zerstäubte („explodierte") und erkaltete Lava

Bims(stein): von Blasen durchsetzte erstarrte Gesteinsschmelze

Basalt: dunkles, dichtes, hartes Gestein aus erstarrter Lava

Ist Deutschland ein Vulkangebiet?

Vor 11 000 Jahren in der Eifel:

Alles erscheint ruhig, aber im Untergrund brodelt es. In drei Kilometern Tiefe sammelt sich Magma und es kommt zur Katastrophe: Ein Vulkan bricht aus. Innerhalb weniger Tage werden riesige Mengen Lava ausgeworfen. Bis 40 Kilometer hoch werden die Massen geschleudert. Metergroße Basaltbrocken fallen im näheren Umkreis zu Boden, das meiste aber erstarrt blasig als „Bims" oder wird fein zerstäubt zu „Asche". Bis nach Südschweden und Oberitalien trägt der Wind das feine Material. Im Zentrum des Ausbruchs finden wir heute den Laacher See: Das beim Ausbruch entstandene Becken hat sich in späterer Zeit mit Wasser gefüllt.

M1 *Ein Vulkanausbruch in Deutschland*

Vulkanische Reste in Deutschland

Als während der Entstehung der Alpen der alte Gebirgsrumpf in Europa zerbrach (siehe M2 Seite 58), drang entlang der Brüche an vielen Stellen Magma empor und führte zu Vulkanausbrüchen. Reste davon findet man noch heute. An vielen Stellen ist Lava zu dunklem, festem Basalt erstarrt. Manche Vulkanberge haben eine kegelförmige Gestalt. Die kreisrunden Maare der Eifel sind mit Wasser gefüllte Explosionstrichter. Bekannte erloschene Vulkane sind der Vogelsberg, der Kaiserstuhl und die Hegauvulkane.

Noch heute weisen an vielen Stellen Deutschlands heiße Quellen und aus Erdspalten strömende Gase auf Magma in ein paar Kilometern Tiefe unter der Erdoberfläche hin. Wissenschaftler halten es für möglich, dass es in Deutschland erneut zu Vulkanausbrüchen kommen könnte. Der Zeitpunkt lässt sich allerdings nicht vorhersagen.

M2 *Maar in der Eifel*

M3 *Der Hohenkrähen, ein Hegauvulkan*

1 Beschreibe die Lage der auf dieser Seite genannten Vulkangebiete Deutschlands (Atlas).

2 Nenne drei in Deutschland vorkommende vulkanische Bildungen und beschreibe ihr Aussehen und ihre Entstehung (Text, M1 – M3).

3 Ist Deutschland ein Vulkangebiet? Nimm ausführlich zu dieser Frage Stellung.

Das Elbsandsteingebirge

„Steine und Ebenheiten"

Vor 65 Millionen Jahren war dort, wo heute das Elbsandsteingebirge ist, eine Ebene aus Sandstein (siehe Seiten 66/67). Kräfte aus dem Erdinneren, besonders aber die Erosion, haben daraus die „Sächsische Schweiz" geformt. Sie ist eine der schönsten Landschaften Deutschlands.

Kennzeichnend sind weite Flächen, die „Ebenheiten". Ihre Entstehung wurde durch die waagrechten Schichten des Sandsteins begünstigt.

Darüber erheben sich steil aufragende Tafelberge und Türme aus Sandstein, die „Steine". Zu ihnen zählen zum Beispiel der Lilienstein oder der Königstein. Sie sind stehen geblieben, weil dort der Sandstein besonders widerstandsfähig ist oder die Erosion weniger stark wirkt.

Die Flüsse haben sich in die Ebenheiten eingeschnitten und tiefe Flusstäler geschaffen. Am stärksten hat sich die Elbe eingetieft.

M3 *Kletterfelsen im Elbsandsteingebirge*

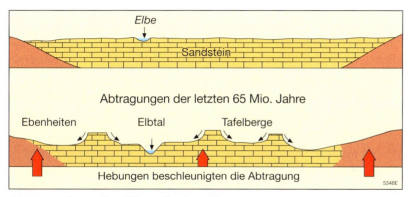

M1 *Entstehung des Elbsandsteingebirges*

1 Beschreibe die Lage des Elbsandsteingebirges (Atlas).

2 Berichte über die typischen Landschaftsformen des Elbsandsteingebirges (M1 – M3, Text).

3 Notiere Stichpunkte zur Entstehung des Elbsandsteingebirges (M1, Text).

M2 *Der Lilienstein über einer Ebenheit mit eingeschnittenem Tal der Elbe*

M1 *Lage des Süddeutschen Schichtstufenlandes in Deutschland*

M3 *Schema der Stufen und Flächen im Schichtstufenland*

Das Süddeutsche Schichtstufenland

Stufen und Flächen

Stell dir vor: Du steigst einen steilen Berg hoch – und oben ist kein Gipfel, sondern eine ausgedehnte Fläche. Das ist typisch für das Süddeutsche **Schichtstufenland**. Zwischen dem Oberrheingraben und den Mittelgebirgen Ostbayerns gibt es drei große Schichtstufen: die *Buntsandsteinstufe*, die *Keuperstufe* und die *Jurastufe*, auch *Albstufe* genannt. Jede von ihnen wird von zwei oder drei Gebirgen geprägt. Im Westen liegt jeweils ein steiler Stufenanstieg, der oben nach Osten zu in eine ausgedehnte Stufenfläche übergeht.

Harte und weiche Gesteine

Das Schichtstufenland gehört zu den Mittelgebirgen. Hier ist der Gebirgsrumpf (siehe Seite 59) kaum zerbrochen, aber größtenteils von mächtigen Sedimentschichten bedeckt. Es sind vor allem Sandsteine, Tone und Kalksteine. Die einzelnen Gesteine widerstehen der Verwitterung und Abtragung ganz unterschiedlich. Manche sind sehr wider-

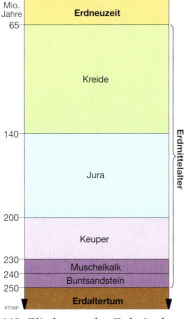

M2 *Gliederung des Erdmittelalters*

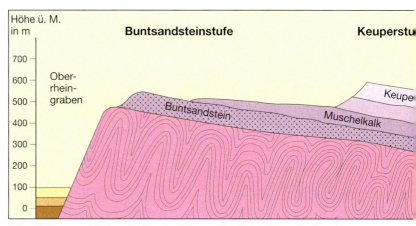

M4 *Höhenprofil durch das Süddeutsche Schichtstufenland*

Naturräume in Bayern und Deutschland

M5 *Schichtstufe bei Reutlingen*

M6 *Buntsandstein als Baumaterial*

standsfähig, andere zerfallen leicht und werden dann vom Wasser schnell weggespült. Vereinfacht spricht man von „harten" und „weichen" Schichten. Hart sind manche Sand- und Kalksteine, weich sind vor allem Tone. Auf jeder Stufe schützt eine harte Schicht eine darunter liegende weichere weitgehend vor der Erosion; die harte Schicht ist der „Stufenbildner".

Schräg einfallende Schichten

Die Schichten des Stufenlandes sind leicht schräg gestellt: Sie fallen nach Osten zu allmählich ein. Während der Alpenentstehung wurde der Raum bis weit nach Frankreich hinein aufgewölbt. An seiner höchsten Stelle brach das Gewölbe auf mehr als 250 Kilometern Länge ein: Der Oberrheingraben entstand als Grabenbruch.

Als Folge der Aufwölbung liegen die Schichten heute schräg. Verwitterung und Erosion haben diese teilweise im Laufe von Millionen von Jahren abgetragen, am Rand des Oberrheingrabens mehr, am Rand des Oberpfälzer Waldes weniger. So finden sich heute im Westen an der Erdoberfläche ältere, nach Osten zu immer jüngere Sedimentgesteine.

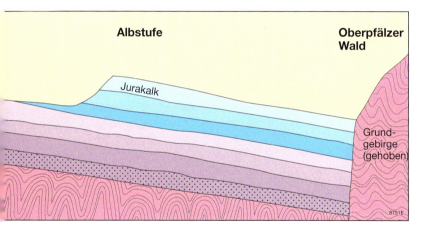

1 Schreibe in dein Heft eine Tabelle mit den Gebirgen der drei Schichtstufen Süddeutschlands (M3, Atlas).

2 Beschreibe die typischen Oberflächenformen im Schichtstufenland (M4, M5, Text).

3 Nenne und begründe die Voraussetzungen für die Entstehung von Schichtstufen (M4, Text).

4 Arbeite mit dem Atlas: Skizziere ein Höhenprofil der Autobahn Frankfurt – Regensburg. Mache dabei die Stufen und die Flächen deutlich. Benenne die anstehenden geologischen Schichten (M4).

Natur- und Nationalparks in Bayern

M1 *Lage des Steigerwalds und des Bayerischen Waldes in Deutschland*

Der Naturpark Steigerwald

Der Steigerwald liegt im Zentrum von Franken. Er fällt mit seiner steilen Keuperstufe von etwa 500 m Höhe im Westen flach nach Osten ab. Neben Sandsteinen besteht sein Untergrund auch aus Lehm und Ton. Er ist von Mischwald bedeckt. An der Schichtstufe wird Wein angebaut. Auf der hügeligen Hochfläche bringen Forst- und Landwirtschaft nur wenig Ertrag. Die Böden sind nicht besonders fruchtbar.

Ausgedehnte Wälder, zahlreiche Bachläufe und ländlich geprägte Orte wechseln sich ab. Zu den Sehenswürdigkeiten zählen einige Klöster und Burganlagen. Der Steigerwald eignet sich wegen seiner landschaftlichen Reize gut zur Erholung. Der Fremdenverkehr ist bedeutend. Vor etwa 30 Jahren erklärte die bayerische Regierung einen großen Teil des Steigerwalds zum **Naturpark**.

In einem Naturpark wechseln sich Gebiete für Land- und Forstwirtschaft mit solchen für Fremdenverkehr sowie Naturschutz ab. Ein Wanderwegenetz mit Rastplätzen und Schutzhütten erschließt ihn für die Erholungssuchenden. Zahlreiche Gaststätten, Übernachtungsmöglichkeiten und Freizeitangebote laden zum Verweilen ein.

In den vielen kleinen Naturschutzgebieten im Naturpark werden die Tiere und Pflanzen besonders geschützt. Hier darf keine wirtschaftliche Nutzung und Störung durch den Fremdenverkehr erfolgen.

Legende zu M3

M2 *Logo des Naturparks*

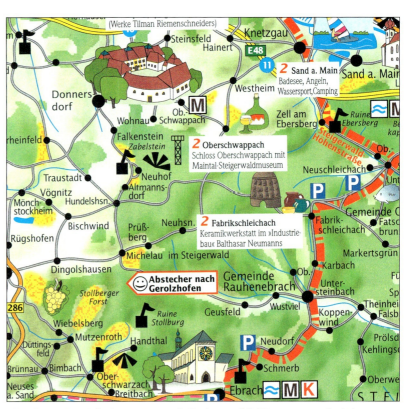

M3 *Touristenziele im Naturpark Steigerwald (Kartenausschnitt)*

Naturräume in Bayern und Deutschland

Der Nationalpark Bayerischer Wald

Im Bayerischen Wald verlaufen in nordwest-südöstlicher Richtung mehrere Bergrücken, deren Höhen über 1000 m, einige Gipfel fast bei 1500 m liegen. Auf den wenig fruchtbaren Böden des Granit- und Gneisgesteins wachsen überwiegend Nadelwälder. Der Bayerische Wald ist das größte geschlossene Waldgebiet Deutschlands. Die Menschen arbeiteten früher in der Forst- und Landwirtschaft, im Granit- und Quarzabbau sowie in der Glaserzeugung. Ihr Einkommen war gering. Deshalb versuchten sie im Fremdenverkehr Einnahmen zu erzielen.

Das riesige Waldgebiet bietet zahlreiche Erholungsmöglichkeiten. Gleichzeitig ist es aber Lebensraum für seltene Tiere wie Luchs, Fischotter und Auerhahn. An entlegenen Stellen ist die Pflanzenwelt noch ursprünglich erhalten. Hundertjährige Baumriesen bilden mit kleineren Bäumen und Büschen einen unzugänglichen Urwald.

Um diesen Zustand zu bewahren wurde 1970 hier der erste **Nationalpark** Deutschlands eingerichtet. Ein Nationalpark ist ein größeres Gebiet. Die darin vorkommenden Pflanzen und Tiere bilden mit ihren Lebensräumen eine einmalige Landschaft. Diese steht unter strengem Naturschutz und ist ein Naturreservat, das sich selbst überlassen bleibt. Der Mensch darf hier nicht eingreifen. Nur kleine Teile des Nationalparks können mit strengen Vorschriften touristisch genutzt werden. Wenige Wanderwege führen durch den Nationalpark. Sie dürfen von den Besuchern nicht verlassen werden.

WWW
www.steigerwald-info.de
www.nationalpark-bayerischer-wald.de

M4 *Im Nationalpark Bayerischer Wald*

1 Arbeite aus M3 die Freizeit- und Erholungsmöglichkeiten im Naturpark Steigerwald heraus.

2 Stelle Gemeinsamkeiten und Unterschiede von Steigerwald und Bayerischem Wald zusammen.

3 Erkläre den Unterschied zwischen einem Natur- und einem Nationalpark.

M5 *Logo des Nationalparks*

M1 *Das Mineral Quarz in einem Stein*

Literatur
- W. Schumann: Mineralien, Gesteine. BLV Naturführer. München 1991
- D. Dixon, R. Bernor: Geologie für Amateure. Köln 1998

Gesteine bestimmen

Aufbau von Gesteinen

Gesteine begegnen uns überall. Noch bis vor etwa hundert Jahren wurden viele Kirchen und Rathäuser aus bearbeiteten Natursteinen errichtet. Auch Bordsteine und Fensterbänke bestanden oft daraus. Heute werden Natursteine häufig durch Beton ersetzt. In der Landschaft findet man Steine vor allem im Gebirge oder in Steinbrüchen, aber auch in der unmittelbaren Umgebung, zum Beispiel im Garten. Aus welchem Material bestehen Steine und wie können wir die verschiedenen Gesteinsarten voneinander unterscheiden?

Gesteine setzen sich aus kleinsten Bestandteilen, den **Mineralien**, zusammen. Diese erkennt man meist mit bloßem Auge, denn sie bilden kleine Kristalle, die nach Größe und Farbe unterscheidbar sind. Die wichtigsten Mineralien kannst du dir mit folgendem Spruch merken: „Feldspat, Quarz und Glimmer – die drei vergess' ich nimmer". Das Gestein Granit besteht aus diesen drei Mineralien.

Hilfsmittel zur Gesteinsbestimmung

Zur Untersuchung von Gesteinen benötigst du folgende Hilfsmittel:
– eine Lupe
– eine Bürste (alte Zahnbürste) und Wasser
– einen Hammer und einen Meißel
– ein Bestimmungsbuch für Gesteine und Mineralien
– einen Bindfaden und ein Einmachglas
– ein Taschenmesser, einen Eisennagel und einen dicken Kupferdraht
– eine Schutzbrille und ein Paar Gummihandschuhe
– ein Fläschen mit verdünnter Salzsäure (Vorsicht: Säure ätzt die Haut!)

M2 *Granit*

- Erstarrungsgestein, das in einigen Kilometern Tiefe unter der Erdoberfläche erkaltete
- körniger Aufbau
- verschiedene Farben
- Mineralien: *Feldspat:* weiß oder rötlich; *Quarz:* grau bis farblos; *Glimmer:* schwarz glänzend bis silbrig
- Vorkommen: Fichtelgebirge, Bayerischer Wald, Oberpfalz

M4 *Merkmale des Granits*

M3 *Gneis*

- Metamorphes Gestein, das in der Tiefe aus anderen Gesteinen entstand
- meist matte helle und glänzende dunkle Lagen
- verschiedene Farben
- Mineralien: heller Feldspat und Quarz; dunkler Glimmer
- Vorkommen: Fichtelgebirge, Bayerischer Wald

M5 *Merkmale des Gneises*

GEO-METHODE • GEO-METHODE

67

So gehst du bei der Bestimmung von Gesteinen vor:

1. Wasche zuerst den Stein mit der Bürste und lauwarmem Wasser ab um sein Äußeres genau zu erkennen. Schlage mit Hammer und Meißel ein kleineres Stück ab. So bekommst du eine frische Bruchstelle. Vorsicht! Brille aufsetzen!
2. Betrachte jetzt den Stein. Bestimme seine Farbe. Mit der Lupe und dem Bestimmungsbuch erkennst du, welche Mineralien er besitzt. Beschreibe den Aufbau des Steines. Hat er feine Schichten oder wirkt er wie aus einem Guss?
3. Reibe den Stein mit den Fingerkuppen. Versuche mit den Fingernägeln, dem Kupferdraht, dem Eisennagel und dem Taschenmesser den Stein zu ritzen. Damit findest du heraus, wie weich oder hart der Stein ist.
4. Nimm verschiedene Steine gleicher Größe und schätze ihr Gewicht mit der Hand. So stellst du fest, ob ein Stein mehr oder weniger dicht aufgebaut ist.
5. Binde einen Stein an eine Schnur und halte ihn unter Wasser. Wenn Luftbläschen austreten, besitzt er feine Hohlräume.
6. Tröpfele etwas verdünnte Salzsäure auf den Stein. Je nachdem, wie stark sie aufbraust, besteht er aus viel oder wenig Kalk. Vorsicht! Verätzungsgefahr!
7. Fasse deine Beobachtungen zusammen und benutze das Bestimmungsbuch.

Lege dir eine Gesteinssammlung an. Hebe deine Fundstücke in kleinen Schachteln auf. Füge den Steinen Kärtchen bei. Trage hier die Gesteinsart und den Fundort ein. Ordne deine Sammlung nach den Gesteinsfamilien.

Info

Gesteinsarten
Gesteine werden nach ihrer Entstehung in Familien eingeteilt.
Sedimentgesteine entstehen, wenn verwittertes Gesteinsmaterial durch Flüsse abgelagert und verfestigt wird (z.B. Sandstein). Sie können auch aus den im Meer abgesunkenen Resten von Lebewesen hervorgehen (z.B. Kalkstein).
Erstarrungsgesteine (magmatische Gesteine) bilden sich, wenn heißes, flüssiges Magma aus dem Erdinneren über oder unter der Erdoberfläche erkaltet.
Umwandlungsgesteine (metamorphe Gesteine) entstehen, wenn Sediment- oder Erstarrungsgesteine unter sehr hohem Druck und hohen Temperaturen umgewandelt werden.

- Schichtgestein
- geschichteter Aufbau mit feinen oder gröberen Sandkörnern, Lufteinschlüsse in den Poren
- Mineral: Quarz
- grüne, gelbe, braune oder rote Färbung
- Vorkommen: Spessart, Steigerwald, Frankenhöhe

M6 *Merkmale des Sandsteins*

M8 *Sandstein*

- durch Ablagerung im Meer entstandenes Gestein
- meist deutliche Schichtung; fein- bis grobkörniger, dichter Aufbau
- weißgrau mit Farbtönungen
- Mineral: meistens Calcit
- Vorkommen: Fränkische Alb, Kalkalpen

M7 *Merkmale des Kalksteins*

M9 *Kalkstein*

Info

Die Wattenküste an der Nordsee

An der deutschen Nordseeküste ist dem Festland eine Kette von Inseln und Sandbänken vorgelagert.
Diese Inseln bilden die Reste des Jahrtausende alten Festlandes, das damals hier seine Küste an der Nordsee hatte.
Im Laufe von Jahrtausenden stieg der Meeresspiegel allmählich an und überspülte damit immer größere Teile dieses früheren Festlandes. Der Bereich zwischen dem heutigen Festland und den vorgelagerten Inseln ist das **Watt**.

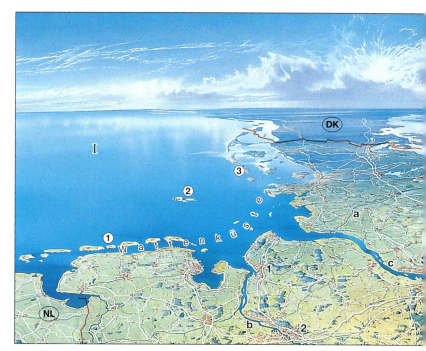

M1 *Küsten an Nord- und Ostsee*

1 Nenne die Namen der Länder in der Bundesrepublik Deutschland, die an der Nord- und der Ostseeküste Anteil haben (Atlas).

2 Benenne die Meeresteile (I, II), Inseln (1-6), Städte (1-8) und Flüsse/Kanäle (a-d) (M2, Atlas).

3 Beschreibe die Küstenformen in M2 und M3.

4 Erkläre die Bedeutung der Eiszeit für die Küstenformen der Ostsee (Info).

Das Norddeutsche Tiefland und seine Küsten

Die Eiszeit in Norddeutschland

Während der letzten Eiszeit, die vor etwa 10 000 Jahren endete, war Skandinavien von einem riesigen Gletscher bedeckt, der bis zu vier Kilometer mächtig war. Von dort stießen Gletscherzungen mehrmals bis weit nach Norddeutschland vor. Die Grund- und Endmoränen dieser Gletscherzungen bilden heute im norddeutschen Tiefland niedrige Landrücken.

Während der Eiszeit schütteten Schmelzwässer große Sandflächen, die Sander, auf. In diesen floss das Wasser in breiten Rinnen, den **Urstromtälern**, in Richtung Nordwesten in die Nordsee ab. Die heutige Elbe fließt teilweise in einem solchen Urstromtal.

Die vielen Gesichter der Küste

Die Meeresküsten Deutschlands sind sehr unterschiedlich. An Ost- und Nordsee kommen sowohl **Flachküsten** als auch **Steilküsten** vor.

Winde treiben die Wellen gegen die Küste. An der Flachküste laufen die Wellen am Ufer langsam aus. Dabei schwemmen sie Sand an und lagern ihn ab. Der Wind formt daraus die Sanddünen.

Bei Steilküsten ragen Felswände, die Kliffs, über dem Meer auf. Die anrollenden Wellen untergraben das Kliff und schlagen Teile heraus. Überhängendes Gestein bricht nach. Die großen Bruchstücke bleiben am Fuß der Steilwand liegen, die feineren zerreibt die Brandung zu Sandkörnern und die Strömung trägt sie weg.

Naturräume in Bayern und Deutschland

M2 *Steilküste auf Rügen*

M3 *Flachküste auf Usedom*

Info

Küstenformen an der Ostsee

Förden sind lange Rinnen, in denen das Meer viele Kilometer in das Land hineinreicht. Gletscher und ihre Schmelzwässer haben die *Fördenküste* in der Eiszeit geschaffen.

Bodden sind seichte und zerlappte Meeresbuchten, die oft nur kleine Zugänge zum Meer besitzen. Sie befinden sich in ehemaligen Grundmoränenlandschaften. Seit dem Ende der Eiszeit drang das Meer in die Senken zwischen den Moränenhügeln vor und schuf so die *Boddenküste*.

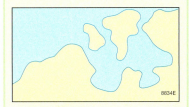

Aus einer Boddenküste kann eine *Ausgleichsküste* entstehen. Meeresströmungen transportieren den fein zerriebenen Sand in ruhige Buchten und lagern ihn dort ab. So bildet sich über Tausende von Jahren ein Sandhaken. Dieser wächst ständig weiter und schließt im Laufe der Zeit die Bucht ab. Das ist großräumig an der polnisch-russisch-litauischen Küste der Fall.

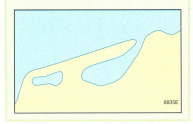

Tag	Uhrzeit			
	HW	NW	HW	NW
5.5. Sa	03^{20}	09^{42}	16^{03}	22^{24}
6.5. So	04^{45}	11^{06}	17^{27}	23^{48}
	HW: Hochwasser			
	NW: Niedrigwasser			

M1 *Aus einem Tidenkalender*

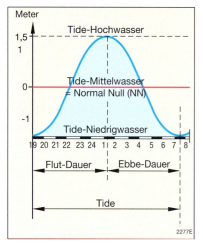

M2 *Gezeitenkurve*

Gezeiten und Küstenschutz an der Nordsee

Ebbe und Flut

Wer an der Nordseeküste baden möchte, sollte vorher im so genannten Tidenkalender nachsehen, der täglich die Wasserstände angibt. Wie nach Fahrplan steigt das Wasser im Laufe des Tages zweimal, um danach wieder zu fallen. Mit der Flut steigt das Wasser an, während der Ebbe sinkt es ab.

Bei Ebbe mit ablaufenden Strömungen in das offene Meer hinaus darf man nicht baden, sondern nur bei Flut. Voraussetzung ist, dass es nicht zu sehr stürmt.

Ebbe und Flut heißen **Gezeiten** oder Tiden. Bei Tide-Niedrigwasser ist die Ebbe beendet und die Flut beginnt, bei Tide-Hochwasser ist es umgekehrt. Den Höhenunterschied zwischen Hoch- und Niedrigwasser nennt man Tidenhub.

An der Nordseeküste zieht sich das Meer bei Ebbe einige Kilometer weit vom Strand zurück. Dann sieht man nach und nach eine weite graubraune, sandige und schlammige Fläche entstehen, das Watt.

Es ist von großen Wasserarmen und kleinen Wasserrinnen, den Prielen, durchsetzt. Bei steigendem Wasserstand überflutet das Meer das Watt nach und nach, um es bei Tide-Hochwasser schließlich vollständig zu bedecken.

An der Nordseeküste, einem **Randmeer** des Atlantischen Ozeans, wirken sich die Gezeiten stark aus. Dort kann der Tidenhub über dreieinhalb Meter betragen.

Bei **Binnenmeeren**, wie zum Beispiel der Ostsee, verändert sich der Wasserstand bloß um 20 bis 30 cm. Der Grund dafür ist, dass die Ostsee mit dem Atlantik nur über Meerengen in Verbindung steht. Durch sie kann bei Flut relativ wenig Meerwasser in die Ostsee eindringen.

Info

Entstehung der Gezeiten
Die Gezeiten entstehen durch die Anziehungskraft des Mondes auf die Wassermassen der Meere. Auf der dem Mond zugewandten Seite der Erde wird das Wasser zu einem „Berg" aufgetürmt. Auch auf der entgegengesetzten Erdseite bildet sich ein Wasserberg. Er kommt unter anderem aufgrund der so genannten Fliehkräfte zustande. Diese treten bei der Drehung der Erde um sich selbst auf.

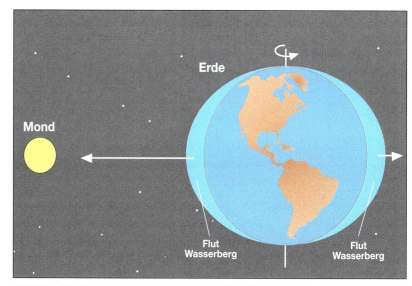

M3 *Der Einfluss des Mondes auf die Gezeiten*

Naturräume in Bayern und Deutschland

M4 *Der Husumer Hafen bei Ebbe …*   **M5** *… und bei Flut*

Sturmfluten

Normalerweise ist das Hochwasser der Flut für die Küstenbewohner nicht lebensbedrohlich. Ihre Dörfer und Städte liegen entweder deutlich höher als der Hochwasserstand oder sie sind durch Deiche geschützt.

Sturmfluten treten besonders in den Wintermonaten auf, wenn Stürme aus nordwestlicher Richtung mit hohen Windstärken und Geschwindigkeiten von über 100 Kilometer pro Stunde toben. Sie pressen das Wasser der Nordsee auf die Küste zu. Das Fluthochwasser kann um drei bis vier Meter über den durchschnittlichen Flutwasserstand steigen. Dann gibt der Küstenschutz Sturmflutwarnung. Schiffe müssen in sichere Häfen gebracht werden.

M6 *Wenn die Sturmflut tobt*

1 Berechne und begründe die Zeitabstände zwischen Hoch- und Niedrigwasser (Info, M1, M2).

2 Erkläre den Unterschied zwischen Flut und Hochwasser sowie Ebbe und Niedrigwasser.

3 Stelle die Bedingungen, unter denen Sturmfluten zustande kommen, zusammen.

17.02.1164: Julianeflut
Einbruch des Jadebusens, 20 000 Tote

16.01.1362: Marcellusflut
Schwerste Sturmflut aller Zeiten; Einbruch des Dollart, 100 000 Tote, 30 Dörfer versanken im Meer

24.12.1717: Weihnachtsflut
etwa 20 000 Tote, Verwüstungen an der ganzen Küste, 5000 Häuser weggerissen

16.02.1962: Hamburger Sturmflut
Sturmflut in Hamburg, zahlreiche Deichbrüche, 315 Tote

03.01.1976 und 25.11.1981:
Sturmfluten mit wenigen Deichbrüchen, keine Toten

M1 *Schwere Sturmfluten der letzten tausend Jahre*

Folgen der Sturmfluten

Außergewöhnliche Sturmfluten richteten immer wieder verheerende Schäden an der Küste an. 1962 drückte ein Sturm das Nordseewasser bis in die Flüsse hinein. Besonders der Unterlauf der Elbe war davon betroffen. Stellenweise brachen die **Deiche**. Ackerland und Wiesen wurden überflutet. In Hamburg standen über hunderttausend Wohnungen unter Wasser; 315 Menschen und 4000 Stück Vieh ertranken.

Schon normale winterliche Sturmfluten zerstören mit ihrer mächtigen Brandung allmählich die Küste. So wird die westliche Steilküste der nordfriesischen Insel Sylt Jahr für Jahr um einige Meter unterspült und landeinwärts verlagert. Auch künstliche Wälle aus Betonklötzen können dies nicht völlig verhindern.

Maßnahmen zum Küstenschutz

Um sich gegen die Überflutungen zu schützen haben die Menschen seit Jahrhunderten Deiche gebaut. Diese künstlichen Schutzwälle wurden im Laufe der Zeit immer höher. Außerdem zeigten Erfahrungen, dass der beste Schutz vor Überschwemmung ein weites und bewachsenes Vorland vor den Deichen ist. Hier verlieren die anlaufenden Wellen viel von ihrer Kraft. Die Deiche müssen nur noch einen Teil von deren Wucht abfangen.

Im Meerwasser schwimmen kleinste Tonteilchen, Sandkörner, Tier- und Pflanzenreste. Wenn das Wasser ruhig ist, sinken die Stoffe zu Boden und bilden den Schlick. Die Menschen beschleunigen diesen natürlichen Vorgang der Aufschlickung. Sie rammen Pfahlreihen mit Flechtwerk aus Stroh in den Wattboden. Zwischen diesen Lahnungen fließt das Wasser langsamer und der Schlick sammelt sich an.

Im Durchschnitt erhöht sich der Wattboden durch die Ablagerungen zwischen den Lahnungen um etwa 4 cm im Jahr. Wenn das neu „gewachsene" Land bei Hochwasser kaum noch überspült wird, legt

1 Ein weites Vorland vor dem Deich ist der beste Küstenschutz. Erkläre diese Behauptung.

2 Erläutere, wie man Neuland gewinnt (M3, M4).

3 Gliedere und beschreibe jeweils die Teilbereiche des Blockbildes (M5). Arbeite die Unterschiede heraus.

M2 *Deichbruch bei der Sturmflut von 1962*

Naturräume in Bayern und Deutschland

M3 *Lahnungen im Bau...*   M4 *... und viele Jahre später*

man Entwässerungsgräben an. Sie heißen Grüppen. Im Laufe der Zeit sammelt sich in den Grüppen immer wieder Schlick an. Er wird jedes Jahr ausgebaggert und auf Beete zwischen den Grüppen verteilt.

Eine Pflanze, die das Salzwasser verträgt, ist der Queller. Er wird zwischen den Grüppen angepflanzt um den Schlick festzuhalten. So wächst das Vorland immer höher.

Wenn man das Vorland eindeicht, entsteht Neuland. So vergrößerte sich das Gebiet der **Marsch**. Das ist das nur wenige Meter über dem Meeresspiegel liegende Land an der Küste. Sein Schlickboden ist fruchtbar und für Landwirtschaft gut geeignet. Allerdings muss man das Neuland ständig entwässern. Damit Regenwasser und Bäche aus dem Binnenland abfließen können, hat man in die Deiche so genannte Sieltore eingebaut. Bei Ebbe werden sie geöffnet und bei Flut geschlossen.

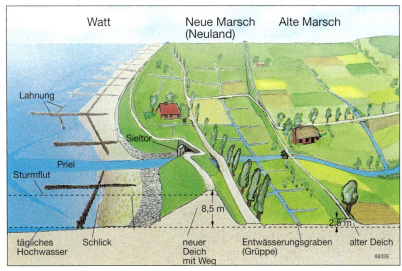

M5 *Blockbild des Nordseeküstenraumes*   M6 *Quellerpflanzen*

M1 *Wattwanderung*

Das Wattenmeer – ein Naturraum und seine Gefährdung

Eine außergewöhnliche Landschaft und Tierwelt

In der von den Gezeiten geprägten Küstenlandschaft an der Nordsee leben Tausende verschiedener Tier- und Pflanzenarten. Einige Hundert von ihnen kommen nur in diesem **Ökosystem** vor.

Bei einer Wanderung in das Watt bei Ebbe kann man nacheinander die verschiedenen Lebensräume erkennen.

Am festländischen Wattrand befinden sich die Salzwiesen, die nur selten unter Wasser stehen, zum Beispiel bei sehr hoher Flut im Winter. Sie sind das Brutgebiet vieler Küstenvögel wie Möwen, Wattvögel und Säbelschnäbler.

Dann folgt das Schlickwatt. Hier ist die Welt des Pierwurms: Auf der Suche nach Kleinstlebewesen und Algen frisst er sich durch den Wattboden und durchwühlt ihn dabei ständig. Auffällig sind seine zahllosen Kothäufchen im Watt.

Auf dem Boden und bis in eine Tiefe von etwa 20 cm lebt neben den Würmern auch eine Vielzahl an kleinen und größeren Krebsen, Krabben, Schnecken und Muscheln. Von manchen Kleinstlebewesen wie dem Sandröhrenkrebs gibt es Tausende auf einem Quadratmeter.

Im Watt können trotz täglicher Überflutung auch noch einige Salz vertragende Pflanzen wie das Schlickgras wachsen.

Das trocken gefallene Watt wird von vielen Vögeln aufgesucht, die sich dort von Würmern und Schnecken ernähren. Im Sommer kommen vor allem die Küstenvögel der Salzwiesen. Im Frühjahr und Spätsommer erscheinen die Zugvögel, zum Beispiel Ringelgänse und einige Entenarten. In riesigen Schwärmen mit Tausenden von Tieren machen sie Rast auf ihrer weiten Flugreise. Diese Gastvögel stammen meist aus Nordeuropa, nicht wenige sogar aus Sibirien oder Kanada.

Andere Vögel wie die Seeschwalben haben sich auf Fische als Nahrung spezialisiert. Das Wattenmeer mit seinen Prielen ist nämlich

Info

Ökosystem
In einem Ökosystem stehen die Naturbedingungen Boden, Gesteine, Wasser, Pflanzen- und Tierwelt in enger Wechselwirkung.
Je nachdem welche Lebensbedingungen herrschen, können sich nur bestimmte Tier- und Pflanzenarten ansiedeln. Es gibt unterschiedliche Ökosysteme wie zum Beispiel Wiesen, Wälder, Sümpfe, Moore oder auch die Gewässer.

M2 *Salzwiese mit Priel*

M3 *Schlickwatt*

Naturräume in Bayern und Deutschland

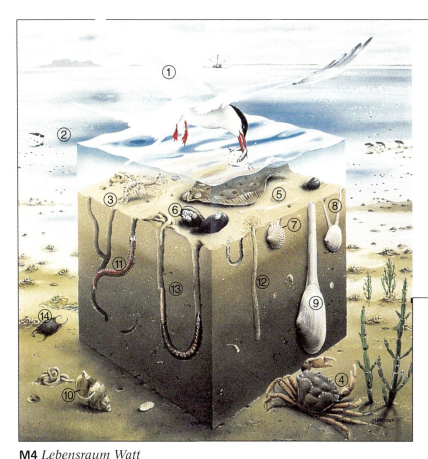

① Seeschwalbe
② Austernfischer
③ Garnele
④ Strandkrabbe
⑤ Scholle
⑥ Miesmuscheln mit Seepocken
⑦ Herzmuschel
⑧ Tellmuschel
⑨ Sandklaffmuschel
⑩ Wellhornschneck
⑪ Pierwurm
⑫ Bäumchenröhrenwurm
⑬ Wattringelwurm
⑭ Rochen-Ei

WWW
www.nationalpark-wattenmeer.de

M4 *Lebensraum Watt*

das Laichgebiet von Nordseefischen wie Scholle, Hering, Sprotte und Seezunge. Hier wachsen die Jungtiere – vor Raubfischen geschützt – auf um dann als ausgewachsene Fische ins offene Meer zurückzukehren.

Schließlich lebt auf den Sandbänken im Watt und in seinen tieferen, ständig unter Wasser stehenden Teilen das größte Tier des Wattenmeers: der Seehund. Diese Robbenart ernährt sich von Fischen und braucht die trockenen Sandbänke als Geburtsstätte und zur Aufzucht ihrer Jungen.

M5 *Seehund auf einer Sandbank*

1 Bestimme die Länder an der Nordsee, die wie Deutschland eine Wattküste besitzen (Atlas).

2 a) Beschreibe die verschiedenen Zonen des Wattenmeers.
b) Erkläre die unterschiedliche Bedeutung der Zonen für die Tierwelt des Wattenmeers (M2, M3).

3 Erläutere anhand von M4 den Begriff Ökosystem (Info).

Das Wattenmeer ist in Gefahr

In das Wattenmeer fließen große Flüsse wie Elbe und Weser. Auf ihnen gelangen ständig viele Schiffe in die Nordsee. Sie bringen Waren von Übersee in Deutschlands Häfen oder von dort in andere Länder. Lotsen müssen die Hochseefrachter durch die sehr engen Fahrrinnen geleiten. Trotzdem gibt es immer wieder Schiffsunglücke.

Besonders bei Sturm laufen Schiffe mitunter auf Sandbänken vor der Küste auf. Wird etwa ein Öltanker dabei beschädigt, können große Mengen Öl ins Meer fließen. Winde und Strömungen verfrachten die klebrige und zähe Flüssigkeit an die Strände. Bei einer solchen Ölpest bleibt das Öl nicht nur an Sand und Pflanzen haften, sondern verklebt auch Wasservögeln das Gefieder. Viele Tiere müssen verenden.

M1 *Tankerunglück*

M2 *Kampf gegen die Ölpest*

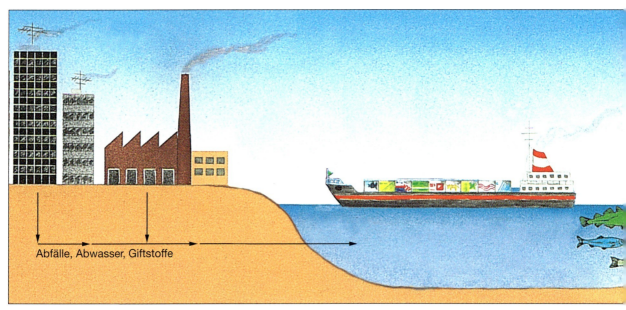

M3 *Gefährdung und Nutzung des Wattenmeers*

Naturräume in Bayern und Deutschland

Dörfer und Städte, aber auch Industriebetriebe leiten über die Flüsse ihre Abwässer ins Meer. Über das Grundwasser gelangen Schädlingsbekämpfungs- und Düngemittel aus der Landwirtschaft in die Flüsse und das Meer. Diese Stoffe können zu Vergiftungen und Krankheiten der Meerestiere führen. Sogar Müll wird verbotenerweise an den Küsten ins Meer geschüttet. Dadurch wird einerseits die Landschaft verschandelt, andererseits können sich vor allem die größeren Tiere wie der Seehund an Glasscherben oder dergleichen verletzen.

Im Wattenmeer bedrohen Giftstoffe und Unrat die einzigartige Pflanzen- und Tierwelt. Aber auch die Menschen, die zum Beispiel vom Fischfang oder vom Fremdenverkehr leben, sind davon betroffen. Bei verschmutztem Wasser und Strand bleiben die Badegäste aus.

Das Wattenmeer als Schutzgebiet

1985 wurden weite Teile des Wattenmeers in Schleswig-Holstein und Niedersachsen unter Schutz gestellt und zum Nationalpark erklärt. Man hofft, dass das Wattenmeer so in seiner Einzigartigkeit erhalten bleibt. Der Nationalpark Wattenmeer ist in verschiedene Zonen eingeteilt:
- *Ruhezonen* dürfen nicht befahren und betreten werden.
- In *Zwischenzonen* ist Wandern und Bootsfahren erlaubt.
- Die *Erholungszonen* dürfen vom Fremdenverkehr genutzt werden (z.B. Badestrände, Vergnügungseinrichtungen, Hotels).

Die Verbote – vorrangig in der Ruhezone, aber auch in der Zwischenzone – bekommen auch Widerspruch. Vor allem die Küstenfischer und Menschen aus dem Hotel- und Gaststättengewerbe fühlen sich bei ihrer Berufsausübung stark behindert. Sie drängen auf weniger Vorschriften im Nationalpark.

M4 *Regeln für den Nationalpark*

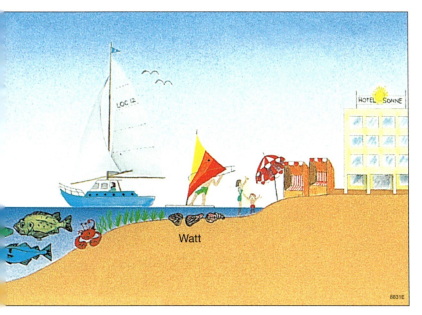

1 Miss die Breite und Länge des Wattenmeers in Niedersachsen und Schleswig-Holstein (Atlas, Karte: Deutschland – Nördlicher Teil).

2 Erläutere die Ursachen und Folgen der Gefährdung des Wattenmeeres (M1, M3).

3 Begründe die Regeln für die Nationalparkbesucher (M4).

4 Erörtert folgende Frage: „Mehr oder weniger Fremdenverkehr im Nationalpark?" (M2, M4)

M1 *Lage von Horumersiel*

Ein Bild auswerten

Bilder begegnen uns überall, zum Beispiel im Fernsehen, im Internet, in Zeitungen und auf Ansichtskarten. Sie zeigen uns auf einen Blick mehr, als uns jemand mit vielen Worten erzählen kann.

Luftbilder sind besonders interessant. Mit ihnen sehen wir die Landschaft aus dem Blickwinkel von Flugzeugen, Vögeln oder von einem erhöhten Standpunkt, beispielsweise von einem Hochhaus. Allerdings müssen wir erst lernen, die zahlreichen Einzelheiten eines Bildes zu erkennen. Dazu sollen dir die folgenden Hinweise zu unserem Bildbeispiel helfen.

Hinweise zur Bildauswertung

1. Orientierung
Die Bildunterschrift gibt in der Regel den Ort der Aufnahme an. Bestimme mit M1 und dem Atlas die Lage des Ortes in M2.

2. Beschreibung des Bildinhalts
Teile das Bild in Vorder-, Mittel- und Hintergrund ein. So kannst du dich besser auf einzelne Bereiche des Bildes konzentrieren.

Der Vordergrund beginnt am unteren Bildrand und endet mit dem Hauptort samt Badestrand und Jachthafen.
Das sich anschließende Land mit Feldern, kleineren Ortsteilen und großem Campingplatz am Strand bildet den Mittelgrund.
Von der Küste auf das Meer hinaus bis zum oberen Bildrand erstreckt sich der Hintergrund.

Beschreibe dabei die Einzelheiten, die du im Bild erkennen kannst. Beachte verschiedene Bildinhalte: die Verteilung von Land und Wasser, die natürlichen Oberflächenformen, die Nutzung von Land und Gewässern (Landwirtschaft, Industrie, Fremdenverkehr, Verkehrswege), die Verteilung und Größe der Orte sowie das Aussehen und die Nutzung der Gebäude.

M2 *Luftbild von Horumersiel*

METHODE • METHODE • METHODE

M3 *Faustskizze*

3. Vereinfachte Darstellung

Jetzt ist es sinnvoll, die wichtigen Einzelheiten des Bildes inhaltlich zu ordnen. Das geschieht in Form einer Skizze. Sie hilft dir das Luftbild überschaubar zu machen.

Lege Transparentpapier über das Bild und zeichne als erstes die Grenze zwischen Festland und Meer ein. Trage danach die Umrisse der anderen Teilräume ein. Zeichne zum Schluss typische Signaturen (z.B. Bäume für Wald) ein. Lege eine Legende an, damit auch andere deine Skizze verstehen können.

4. Erklärung

Du hast bisher die Bildinhalte beschrieben und in einer Skizze festgehalten. Jetzt sollst du die Zusammenhänge zwischen den einzelnen Bildinhalten erklären.

Beispiel einer Erklärung für das Luftbild M2

Horumersiel liegt am Wattenmeer, gerade herrscht Ebbe. Im Watt verläuft vom Hafen weg eine Wasserrinne. Der Deich schützt das dahinter liegende Land vor Überflutung. Gräben entwässern das Land hinter dem Deich. Es ist eben, deshalb wird Landwirtschaft betrieben (Äcker und Grünland). Das Land an der Küste wird auch als Feriengebiet genutzt. Dafür sprechen der Campingplatz, der Badestrand und der Segelschiffhafen. Am Rand und im Innern des Ortes sind Neubauten zu sehen (Hotels, Ferienhäuser).

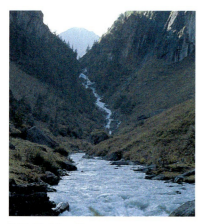

M1 *Gebirgsfluss*

Flusslandschaften

Natürliche Flüsse und Täler

Die meisten Flüsse entspringen im Gebirge. An einer Quelle entsteht ein Gebirgsbach. Durch Zuflüsse von beiden Seiten nimmt die Wassermenge zu; aus dem Bach wird allmählich ein Fluss. Das Gefälle und damit die Fließgeschwindigkeit sind im Oberlauf groß. Besonders nach Regenfällen reißt das Wasser auch Gestein mit. Es kommt zur Erosion. Dabei schneidet sich das Gewässer langsam in den Untergrund ein und bildet ein **Kerbtal**. Das mitgeführte Material reibt aneinander. Die vorher kantigen Gesteinsbrocken werden abgerundet.

Im Mittellauf, am Gebirgsrand, wird das Gefälle geringer. Das Wasser fließt nun langsamer. Bei Hochwasser werden die Gesteine des Flussbetts mitgerissen. Je weiter sie transportiert werden, desto mehr werden sie zerrieben. Es entstehen immer kleinere Kieselsteine.

Im Unterlauf eines Flusses, nahe der Mündung, ist oft das Gefälle gering. Im ebenen Gelände fließt das Wasser träge in großen Schlingen oder **Mäandern** dahin. Selbst nach starken Regenfällen wird nur fein zerriebenes Material, vor allem Sand, transportiert, der bei niedrigerem Wasserstand wieder abgelagert wird. Es entstehen Sandbänke. Der Fluss verbaut sich durch seine Ablagerungen immer wieder selbst den Weg und sucht sich ein neues Bett. Er „verwildert", bildet eine breite Talaue, ein Sohlental. An der Mündung eines Flusses ins Meer hört seine Strömung auf, das mitgeführte feine Material wird abgelagert.

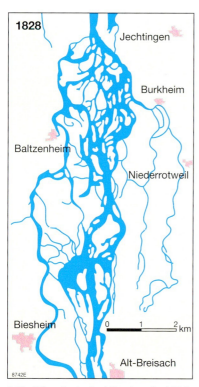

M2 *Oberrhein bei Breisach 1828*

M3 *Mäander*

M4 *Verwilderter Fluss*

Naturräume in Bayern und Deutschland

Nutzung der Flüsse und Täler

In Mitteleuropa werden Flüsse und ihre Täler seit Jahrtausenden genutzt. Sie sind natürliche Grenzen, dienen als Verkehrswege, liefern Wasser und Nahrung. Burgen, Dörfer und Städte reihen sich entlang der Flüsse. In Tälern mit mildem Klima wird Landwirtschaft betrieben.

Der Mensch hat die Flüsse „gebändigt": Statt verwilderter Flussläufe finden wir heute an vielen Stellen gerade, von Deichen eingefasste Rinnen, die gut schiffbar sind. Die ehemaligen Überschwemmungsgebiete, die Auen, sind weitgehend verschwunden. Flüsse mit größerem Gefälle sind immer wieder aufgestaut um an den Staustufen Strom in Wasserkraftwerken zu gewinnen. Mitunter werden Flüsse noch zur Abwasserentsorgung missbraucht.

Hochwassergefahren

Trotz moderner Schutzmaßnahmen kommt es immer wieder zu Überschwemmungskatastrophen wie bei den Donauhochwassern im Mai 1999 und im August 2002. Warum nehmen die Schäden dabei zu? Die Menschen haben die Abflussverhältnisse verändert: Die Täler sind eingeengt, die natürlichen Überflutungsräume verkleinert, die Böden überbaut, Regenwasser wird in die Kanalisation geleitet. So fließt das Wasser direkt, ohne Zwischenspeicher, ab. Es können manchmal auch intensiv genutzte Talflächen rasch überflutet werden. Möglicherweise werden solche Hochwasserereignisse auch durch die Zunahme starker Regenfälle infolge der Veränderung des Klimas hervorgerufen.

1 Beschreibe einen verwilderten Fluss (M4) und erkläre seine Entstehung (Text).

2 Fertige eine Liste mit den Veränderungen der natürlichen Flusslandschaften durch den Menschen (M2, M6, Text).

3 Begründe die Zunahme der Schäden durch Hochwasser.

4 Schlage zwei Maßnahmen vor, die dazu beitragen könnten, den Wasserabfluss nach starken Regenfällen stärker auszugleichen.

M5 *Hochwasser in Passau am 14. August 2002*

M6 *Oberrhein bei Breisach 2002*

GEO-WISSEN • GEO-WISSEN

Wie heißen die Gebirge?

- Großer Arber 1456 m
- Wasserkuppe 950 m
- Feldberg 1493 m
- Großer Beerberg 982 m
- Brocken 1142 m

Welche Begriffe passen und welche gehören nicht dazu?

1. *Kalkalpen:*
   welliges Bergland, Trogtäler, Gletscher, schroffe steile Berge, Granit, Löss, Kalkstein

2. *Norddeutsches Tiefland:*
   Steilküste, Alm, Moränen, Flachküste, Watt, Urstromtal, Enzian

3. *Mittelgebirge:*
   Magma, Edelweiß, Bruchscholle, Vulkanismus, Schichtstufe, Watt, Lawinen

4. *Küsten:*
   Erzabbau, Deich, Gezeiten, Gebirgsrumpf, Fremdenverkehr, Kliff, Salzwiesen

5. Stelle selbst Richtiges und Falsches zum Begriff „Küstenschutz" zusammen.

GEO-WISSEN • GEO-WISSEN

Wir bringen alles auf die Reihe!

1. *Deutsche Großlandschaften – von Nord nach Süd:* Alpenvorland, Alpen, Tiefland, Gebiet der Mittelgebirge
2. *Glaziale Formen – vom Gebirge ins Vorland:* Schotterebene, Grundmoräne, Zungenbeckensee, Endmoräne
3. *Höhenstufen der Vegetation – von unten nach oben:* Zwergsträucher, Laubwald, Matten, Nadelwald
4. *Alpenentstehung – vom Anfang bis zum Ende:* Faltung, Abtragung, Ablagerung, Hebung, Verwitterung
5. Suche selbst Begriffe für eine Reihenfolge zum Wattenmeer.

Begründe, zu welchen Großlandschaften in Deutschland die Bilder A, B und C gehören.

Ländliche Räume in Bayern

Bewohner eines Bauernhofes 1936

Bewohner eines Bauernhofes heute

Getreideernte früher

und Deutschland

Zuckerrübenernte früher ... ... und heute

Getreideernte heute

M1 *Lage von Strullendorf in Bayern*

M2 *Strullendorf 1950*

Der ländliche Raum und sein Wandel

Dörfer verändern sich

Strullendorf liegt acht Kilometer südlich von Bamberg. Die Endung „-dorf" im Ortsnamen deutet auf eine ländliche Siedlung hin, deren Bewohner überwiegend von der Landwirtschaft lebten. Seit etwa 1950 veränderte sich das Dorf. Neubausiedlungen, neue Betriebe und Supermärkte entstanden.

Der **ländliche Raum** in Deutschland ist gekennzeichnet durch Land- und Forstwirtschaft und geringe Bevölkerungsdichte: Hier leben nur noch 13 von 100 Einwohnern. Als Nachteile gelten die teilweise großen Entfernungen zur nächsten Stadt, fehlende Arbeitsplätze sowie die geringe Zahl an öffentlichen Verkehrsmitteln. Saubere Luft und landschaftliche Schönheit sind heute jedoch die Grundlage für den zunehmenden Tourismus im ländlichen Raum.

Info

Vollerwerbslandwirt, Nebenerwerbslandwirt

Ein Vollerwerbslandwirt erzielt sein monatliches Einkommen ausschließlich in der Landwirtschaft.
Von einem Nebenerwerbslandwirt spricht man, wenn das monatliche Einkommen überwiegend aus einer anderen beruflichen Tätigkeit, zum Beispiel als Elektriker, kommt und aus dem landwirtschaftlichen Betrieb nur der kleinere Teil der Einnahmen stammt.

Maria Bergmann, geboren 1920, berichtet:

„Meine Eltern hatten eine kleine Landwirtschaft. Mein Vater war nebenbei noch Schuster. Landwirtschaftliche Zugmaschinen hatten wir keine, Egge und Pflug wurden von einem Ochsen gezogen. Außerdem besaßen wir zwei Kühe.
Nach der Schule mussten meine sechs Geschwister und ich auf dem Feld oder im Stall arbeiten. Im Herbst halfen wir bei der Kartoffelernte. Der Vater grub die Kartoffeln mit der Hacke aus dem Boden und wir sammelten sie auf. Dann brachten wir sie regelmäßig mit dem Handwagen nach Bamberg und verkauften sie dort. Für den Hin- und Rückweg brauchten wir zu Fuß vier Stunden.
Freizeit war für uns Kinder ein Fremdwort, selbst abends wurde gestrickt oder wir mussten beim Schuhemachen helfen."

M3 *Bericht einer Altbäuerin aus Strullendorf*

Ländliche Räume in Bayern und Deutschland

M4 *Strullendorf 2000 (Die Markierung zeigt den alten Ortskern.)*

Info

Urbanisierung

Der Begriff Urbanisierung bezeichnet einen Veränderungsprozess im ländlichen Raum. Die Zahl der Landwirte nimmt ab und die Ackerflächen werden als Bauland oder als Verkehrsflächen genützt. Neue berufliche Tätigkeiten in der Industrie und im Dienstleistungsbereich werden angeboten. Dadurch verändert sich auch die Lebensweise der Landbevölkerung, sie ist von der städtischen Lebensweise kaum mehr zu unterscheiden.

Josef Mayer, geboren 1955, berichtet:

„Meine Eltern leben noch von der Landwirtschaft, aber ich habe mich zum Industrieschlosser ausbilden lassen. 1970 wurde in unserem Dorf die **Flurbereinigung** durchgeführt, das heißt, mehrere kleine, verstreut liegende Felder wurden zu größeren Ackerflächen zusammengelegt. Dies war nötig, denn man konnte vorher keine größeren Maschinen einsetzen und musste weite Wege von einem Feld zum anderen zurücklegen. Früher wurde bei uns der Hof an alle Kinder zu gleichen Teilen vererbt, sodass die Felder immer kleiner wurden. Auch mein Hof war zu klein, deshalb konnte ich kein **Vollerwerbslandwirt** bleiben. Heute bin ich **Nebenerwerbslandwirt** und bewirtschafte noch ein paar kleine Spargelfelder. Die übrigen Ackerflächen habe ich als Baugrundstücke verkauft. In den letzten zehn Jahren wurden mehr als 200 Häuser gebaut. Strullendorf ist heute ein Ort mit städtischem Leben. Hier gibt es ein großes Gewerbegebiet. Dort stellen Industriebetriebe unter anderem Elektrogeräte, Parkettböden und Lampen her. Ich selbst arbeite in einem Industriebetrieb in Bamberg und muss täglich das Auto benützen."

M5 *Bericht eines Nebenerwerbslandwirts aus Strullendorf*

1950	Strullendorf	2000
1665	Zahl der Einwohner	4161
64	Zahl der Vollerwerbslandwirte	5
10	Zahl der Nebenerwerbslandwirte	15
0,80 Euro	Grundstückspreis pro Quadratmeter	160 Euro
2	Baufirmen	12
5	Gaststätten	12
2	Industriebetriebe	7
2	Ärzte/Zahnärzte	6
7	Vereine	29

M6 *Zahlen zur Entwicklung von Strullendorf*

1 Betrachte die beiden Luftbilder (M2, M4) und beschreibe, wie sich Strullendorf zwischen 1950 und 2000 verändert hat.

2 Erkläre anhand von M3, warum Maria Bergmann schon als Kind in der Landwirtschaft mitarbeiten musste.

3 „In Strullendorf findet eine Urbanisierung satt." Überprüfe anhand von M5 und M6, inwiefern diese Behauptung zutreffend ist.

M1 *Lage von Haidmühle in Bayern*

M2 *Feuerwehrfest in Haidmühle*

Leben auf dem Land

Haidmühle ist ein Dorf mit 1520 Einwohnern. Es liegt im „Dreiländereck" zwischen Bayern, Tschechien und Österreich. In den letzten fünf Jahren sind 120 Personen aus Haidmühle weggezogen, weil Land- und Forstwirtschaft an Bedeutung verloren. Die Familie Gastinger hat sich aber vor drei Jahren im Dorf ein Haus gekauft und ist von Passau aufs Land gezogen. Die beiden Kinder, Severin und Michaela, bewerten das Landleben sehr unterschiedlich.

Severin Gastinger, 12 Jahre alt, erzählt:
„Ich lebe gern hier im Dorf, denn ich kann mit meinen vielen Freunden immer etwas unternehmen. Im Sommer sind wir nachmittags mit dem Mountainbike unterwegs, im Winter gehen wir Ski fahren oder Schlittschuh laufen. Am Wochenende radeln meine Eltern und ich häufig in den nahe gelegenen Böhmerwald. Zweimal in der Woche habe ich Fußball-Training. Außerdem bin ich in der Jugendfeuerwehr. Wir veranstalten Übungen, helfen beim Maibaum-Aufstellen und bei anderen Festen. Jeder kennt hier jeden, das finde ich super. Wir haben früher in der Stadt gewohnt, aber der Lärm und die schlechte Luft waren furchtbar."

M3 *Bericht eines Schülers aus Haidmühle*

Info

Flächenumwidmung
Die zu einem Dorf gehörenden Acker-, Wiesen- und Weideflächen werden im ländlichen Raum häufig nicht mehr landwirtschaftlich genutzt. Wo früher Kühe weideten, entstehen heute Reitanlagen, Golfplätze oder andere Freizeiteinrichtungen. Diese veränderte Nutzung ehemaliger landwirtschaftlicher Flächen wird „Flächenumwidmung" genannt.

Michaela Gastinger, 14 Jahre alt, berichtet:
„Das war keine so tolle Idee meiner Eltern, hierher zu ziehen. Alle meine Freundinnen wohnen in Passau. Jeden Morgen muss ich um 5.30 Uhr aufstehen, um 6.45 Uhr fährt der Schulbus. Um 7.15 Uhr bin ich schon im Gymnasium und nachmittags komme ich erst um 14.15 Uhr nach Hause. Kino gibt es keines hier, zum Einkaufsbummel muss ich nach Passau oder gar nach Regensburg fahren. Allerdings kann ich hier Tennis spielen und Reitstunden nehmen. Aber man ist immer auf das Auto angewiesen. Die Busse fahren nur drei Mal am Tag. Der letzte Bus aus Passau kommt um 19 Uhr an."

M4 *Bericht einer Schülerin aus Haidmühle*

Ländliche Räume in Bayern und Deutschland

Urlaub auf dem Bauernhof, bei Freunden wohnen

Unser Bauernhof ist ein Einzelhof in ruhiger Lage inmitten von Wiesen, auf denen Rinder weiden. Außer Ziegen, Hasen und Katzen können Sie sich mit unseren Pferden und Ponys anfreunden. Langeweile gibt es nicht. Sie können Reiten lernen, baden, angeln oder auch töpfern. Sauna und Tischtennis stehen zur Verfügung. Fahrradverleih ist möglich, ein Wanderweg führt direkt am Haus vorbei.

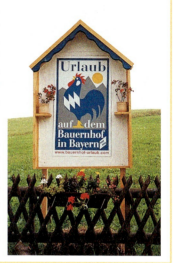

M5 *Urlaub auf dem Bauernhof (aus einem Werbeprospekt)*

Winfried Bohn, 55 Jahre alt, berichtet:
„Meine Frau und ich machen schon seit 25 Jahren Urlaub in Haidmühle. Früher gab es hier noch viele richtige Bauern. Da haben wir in einem Zimmer im Bauernhaus gewohnt und waren fast ein Teil der Familie. Heute werden immer mehr Bauernhäuser umgebaut und als moderne Ferienwohnungen an die Urlauber vermietet. Kühe, Schafe und Ziegen werden nur noch wegen der Urlaubsgäste gehalten. Auf den ehemaligen Feldern und Wiesen entstehen Reitanlagen, Rad- und Wanderwege oder Skipisten, wenn Wintersport möglich ist. Ein Landwirt hat seine gesamten Wiesen an einen Golfclub verpachtet. Das bringt mehr Geld und macht keine Arbeit. Ich selbst spiele auch Golf und einmal im Jahr treffen meine Freunde aus Essen zu einem Turnier ein. Die wundern sich, wie preisgünstig das Golfspielen hier ist."

M6 *Ein Urlauber aus Essen erzählt.*

M7 *Golfclub im ländlichen Raum*

1 Erkläre anhand von M2 – M4 die Vor- und Nachteile des Wohnens im ländlichen Raum.

2 Vergleiche die Freizeitgestaltung der jungen Maria Bergmann um 1930 (Seite 86 M3) mit der von Severin Gastinger heute (M3).

3 Lies den Werbetext in M5 und zähle auf, welche Urlaubsgäste angesprochen werden sollen.

4 Erkläre den Begriff „Flächenumwidmung" am Beispiel von Haidmühle (M6).

M1 *Lage von Günzburg in Bayern*

Ein Freizeitpark im ländlichen Raum

Die Stadt Günzburg liegt im ländlichen Raum des Regierungsbezirks Schwaben. Da die Arbeitsplätze in der Industrie knapp sind, versuchte Günzburg seine hervorragende Verkehrslage in der Nähe eines Autobahnkreuzes zu nutzen.

1997 hat sich die Stadt als Standort für einen neuen Freizeitpark beworben. Trotz der Konkurrenz von mehr als 500 Orten in Europa und Asien konnte sich Günzburg erfolgreich gegen seine Mitbewerber durchsetzen. Der neue **Freizeitpark**, ein Themenpark, ist ca. 13 Hektar groß (das entspricht der Fläche von 25 Fußballfeldern) und liegt am Stadtrand von Günzburg. Über die Autobahn ist er vor allem für Besucher aus Richtung Stuttgart, Würzburg, Nürnberg und München gut erreichbar.

Pro Jahr erwartet das Unternehmen 1,5 Millionen Besucher und damit rund 6000 Gäste pro Tag. Familien mit Kindern sind die wichtigste Zielgruppe des Freizeitparks. Sie können mit einer Achterbahn fahren, eine Hafenrundfahrt machen, Lego-Spielzeugroboter programmieren, bei der Herstellung von Lego-Steinen zusehen oder sich in einem der Cafés und Restaurants auf dem Gelände erholen. Eine weitere Attraktion des Parks ist das so genannte Miniland. Hier wurden ganze Städte wie zum Beispiel Venedig oder berühmte Sehenswürdigkeiten wie der Berliner Reichstag im Kleinformat aus mehr als 25 Millionen Lego-Steinen nachgebaut.

Etwa ein Drittel der Besucher des Freizeitparks wird – so die Erwartungen der Stadtverwaltung – auch in der Region übernachten und auf diese Weise die Wirtschaft des Raumes fördern.

www
www.legoland.com

Abenteuerspielplatz aus Holz
Fahrschule für Kinder
Kart-Bahn
Mitmach-Show
Ritterturnier
Goldwaschen
Safari-Tour

M2 *Attraktionen des Freizeitparks Legoland in Günzburg*

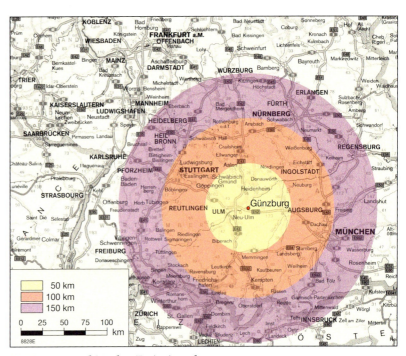

M3 *Einzugsgebiet des Freizeitparks*

Ländliche Räume in Bayern und Deutschland

M4 *Im Freizeitpark – der Berliner Reichstag, erbaut aus Lego-Steinen*

SZ: Herr Oberbürgermeister, wenn Sie heute die vielen bunten Legosteine sehen, ist für Sie dann ein Traum wahr geworden?

Oberbürgermeister: Ja, das kann man so sagen. Und es freut mich umso mehr, weil wir für Lego als Standort attraktiver waren als Tokio. Eine kleine Stadt mit ihren 20 000 Einwohnern hat gegen eine 24-Millionen-Stadt das Rennen gemacht.

SZ: An Spitzentagen werden 25 000 Besucher erwartet, die fast alle mit dem Auto nach Günzburg kommen werden. Sind das nicht beängstigende Zahlen, wenn man an die heute schon ständig überlasteten Straßen denkt?

Oberbürgermeister: Wichtig ist, dass der Verkehr nicht in die Stadt kommt, da der Park drei Kilometer vom Zentrum entfernt direkt an der Autobahn liegt. Bis zum Herbst soll die A8 aus Fahrtrichtung Ulm auf drei Spuren ausgebaut sein. Die Einwohner von Günzburg werden durch den Verkehr sicher nicht gestört.

SZ: Lego verdient kräftig am neuen Freizeitpark. Werden aber auch die Stadt und die Region davon profitieren können?

Oberbürgermeister: Wir freuen uns, dass hier jetzt schon 130 festangestellte und rund 1000 Saisonkräfte tätig sind. Der Park wird im Winter an Wochenenden geöffnet sein. Außerdem werden viele nach dem Besuch von Legoland nicht gleich nach Hause fahren wollen, sondern einen Stadtbummel in Günzburg anschließen. Handwerk und Lebensmittelhandel werden ganz sicher mitverdienen und ich bin überzeugt davon, dass auch die Zahl der Übernachtungen in Günzburg und Umgebung steigen wird.

(Nach: Süddeutsche Zeitung (SZ) vom 3. Mai 2002)

M5 *Interview mit dem Oberbürgermeister von Günzburg*

1 Beschreibe die Lage von Günzburg in Bayern (M1).

2 Nenne die Attraktionen des Freizeitparks, die dich am meisten interessieren (M2).

3 Suche von deinem Wohnort aus eine Verkehrsverbindung nach Günzburg (M3, Atlas).

4 Gib Gründe an, die für die Wahl Günzburgs als Standort für den Freizeitpark entscheidend waren (Text, M3).

5 Liste die Vor- und Nachteile auf, die der Freizeitpark für die Region Günzburg mit sich bringt (M5).

Landwirtschaft in Deutschland

Grundlage unserer Ernährung

Die Bauern in Deutschland produzieren einen Großteil der Nahrung, die wir täglich brauchen. Die meisten der von den Feldern und aus den Ställen stammenden Nahrungsmittel gelangen aber nicht direkt zu den Verbrauchern, sondern werden vorher in den Betrieben der Lebensmittelindustrie verarbeitet. Außerdem erzeugen die Bauern Rohstoffe, zum Beispiel Raps, dessen Samen in Fabriken zu Öl gepresst werden. Die Landwirtschaft, der **primäre Sektor**, ist damit auch ein Zulieferer für verschiedene Bereiche der Wirtschaft.

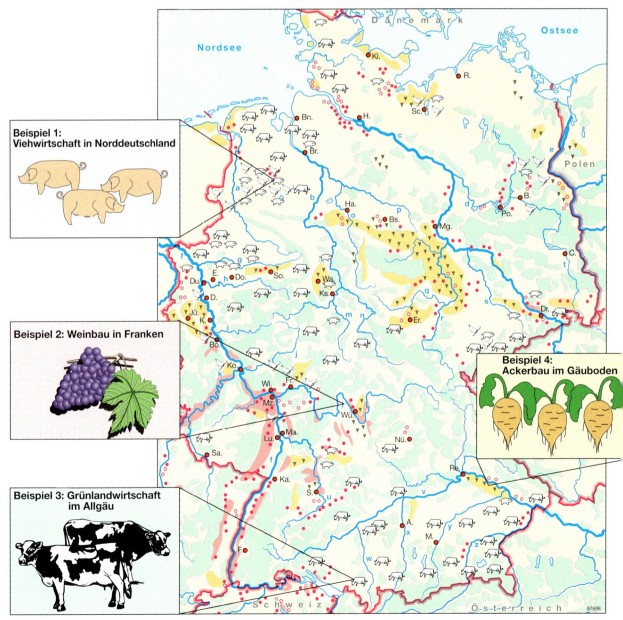

M1 *Agrarräume in Deutschland*

Ländliche Räume in Bayern und Deutschland

Abhängigkeit vom Naturraum

Nicht alle Gebiete Deutschlands eignen sich gleich gut für die Landwirtschaft. Auf ertragreichen Böden betreiben die Landwirte überwiegend **Ackerbau**: Sie bauen Feldfrüchte wie Getreide, Kartoffeln oder Zuckerrüben an, wie zum Beispiel im niederbayerischen Gäuboden.

In Gebieten mit hohen Niederschlägen und feuchten Böden bringt der Ackerbau nur geringe Erträge. Dort findet man vor allem Grünland mit Milchkühen oder Mastvieh. Diese **Viehwirtschaft** gibt es im Norddeutschen Tiefland, in den Tälern der Mittelgebirge und im Alpenvorland, zum Beispiel im Allgäu. Die Schweine- und Hühnerhaltung in größeren Beständen ist unabhängig vom Boden, denn bei dieser Form der Landwirtschaft wird das Futter nur zum geringen Teil auf eigenen Feldern angebaut; der weitaus größere Teil wird eingekauft. Besonders viele Großställe findet man zum Beispiel in Niedersachsen südlich der Stadt Oldenburg.

In Gebieten, in denen hohe Temperaturen und ausreichende Niederschläge das Wachstum begünstigen, liegen die Gunsträume der Landwirtschaft mit den **Sonderkulturen**. Dort kann Wein angebaut werden, wie zum Beispiel in Mainfranken. Eine weitere Sonderkultur, die für Bayern typisch ist, ist der Hopfen. Er bildet einen Rohstoff für die Herstellung von Bier. Den Anbau von Obst und Gemüse – ebenfalls Sonderkulturen – findet man oft im Umland von Städten, weil die Transportwege zu den Verbrauchern kurz sind; dies spielt für die Frische der Produkte eine wichtige Rolle.

Waldreiche Gebiete werden forstwirtschaftlich genutzt: Bäume werden gefällt, das Holz wird verkauft und auf den freien Flächen werden wieder junge Bäume gepflanzt. Diese Art der Nutzung gibt es vor allem in den Mittelgebirgen.

Info

Die drei Sektoren der Wirtschaft

Der Teil der Wirtschaft, der sich mit der Herstellung von Lebensmitteln und der Gewinnung von Rohstoffen beschäftigt, heißt **primärer Sektor** („erster Bereich"). Dazu zählen die Landwirtschaft, die Forstwirtschaft und die Fischerei.
Die Weiterverarbeitung der Rohstoffe findet im **sekundären Sektor** (dem „zweiten Bereich") statt, in Industrie- und Handwerksbetrieben.
Die meisten Deutschen arbeiten heute im **tertiären Sektor** (im „dritten Bereich"), das heißt sie erbringen Dienstleistungen, zum Beispiel als Verkäufer, Bankangestellte, Lehrer, Ärzte oder Entwickler von Computerprogrammen.

1 Erkläre, warum die Mittelgebirge für die Landwirtschaft Ungunsträume sind.

2 Benenne mithilfe des Atlas die Städte in Deutschland, in deren Umgebung Obst und Gemüse angebaut werden (M1).

3 Fasse die Entwicklungen in M2 zusammen und begründe sie.

www

www.agrar.de
www.stmelf.bayern.de
www.verbraucherministerium.de
www.zadi.de
www.bioland.de
www.naturland.de

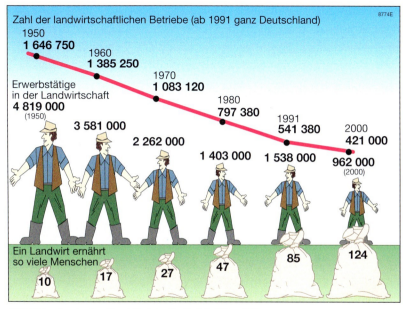

M2 *Die deutsche Landwirtschaft im Wandel*

M1 *Lage des Gäubodens in Bayern*

M2 *Der Gäuboden bei Plattling*

Info

Löss
Während und nach der Eiszeit transportierten starke Winde Gesteinsstaub in das Vorland unserer Mittelgebirge. Auf diesem Löss entwickelte sich ein ertragreicher, lockerer und tiefgründiger Boden, der Wasser schwammartig speichern kann. Wegen des fruchtbaren Bodens und des günstigen Klimas wurden diese Lösslandschaften schon früh besiedelt und landwirtschaftlich intensiv genutzt. In Süddeutschland heißen sie Gäulandschaften, in Norddeutschland **Börden**.

Ackerbau im Gäuboden

Fruchtwechselwirtschaft und Spezialisierung

Zwischen Regensburg im Nordwesten und Vilshofen im Südosten erstreckt sich entlang der Donau der Gäuboden, auch Dungau genannt. Hier hält der Frühling schon etwa am 25. April Einzug, vier Wochen früher als im benachbarten Bayerischen Wald. Der Lössboden ist fruchtbar, die Niederschläge sind mit 600 bis 800 mm im Jahr für den Ackerbau ausreichend. Hier können auch die besonders anspruchsvollen Zuckerrüben angebaut werden.

Eine **Spezialisierung** allein auf den Zuckerrübenanbau ist aber nicht möglich. Die Rübenpflanzen entziehen dem Boden immer dieselben Nährstoffe und laugen ihn aus. Zudem erhöht sich die Gefahr von Rübenkrankheiten. Im Gäuboden haben sich die Landwirte deshalb auf einen dreijährigen **Fruchtwechsel** spezialisiert. Der Boden kann sich dadurch wieder erholen und die Erträge bleiben hoch.

Steigende Erträge durch Intensivierung

Wurden 1960 von einem Hektar Ackerland im Gäuboden 420 Dezitonnen (dt) Zuckerrüben geerntet, so waren es 630 dt im Jahr 2002. Beim Getreide konnte im selben Zeitraum ebenfalls eine Ertragssteigerung erzielt werden: von 36 dt Weizen pro Hektar auf 76 dt. Diese Steigerungen sind das Ergebnis einer **Intensivierung** in der Landwirtschaft. Darunter versteht man, dass der Landwirt versucht mit bestem Saatgut, besonderen Düngemitteln und dem Einsatz von teuren Maschinen die Erträge zu steigern. So wird zum Beispiel in Saatzuchtbetrieben ein gegen Pflanzenkrankheiten und Schädlinge besonders widerstandsfähiger Zuckerrübensamen gezüchtet, der kurz vor der Aussaat noch mit speziellen Chemikalien gegen Bodenschädlinge behandelt wird. Diese Rübensamen sind sehr teuer.

Ländliche Räume in Bayern und Deutschland

M3 *Zuckerrübenernte mit dem Rübenvollernter*

Mechanisierung zur Erleichterung der Arbeit

In den Gäulandschaften wird heute ein durchschnittlicher landwirtschaftlicher Betrieb nur noch vom Bauern und seiner Familie bewirtschaftet. Landwirtschaftliche Betriebshelfer werden selten eingestellt, weil sie viel kosten. Deshalb ist ein guter **Maschinenbesatz**, also die Ausstattung mit landwirtschaftlichen Maschinen, eine wichtige Voraussetzung für die erfolgreiche Arbeit auf dem Bauernhof.

Die Notwendigkeit zur **Mechanisierung** wird besonders beim Zuckerrübenanbau deutlich. Schon im Spätherbst muss der Ackerboden tief gepflügt und für die Zuckerrübenaussaat vorbereitet werden. Im Frühjahr erfolgt die Saat mit der Sämaschine. Dann wird dem Acker nach einem genauen Plan Mineraldünger zugeführt. Um das Wachsen von Unkräutern zu verhindern, die den Zuckerrüben Licht, Luft und Nahrung nehmen, wird der Acker zwei- bis dreimal in der Wachstumszeit mit speziellen Pflanzenschutzmitteln bespritzt. Dazu sind besondere landwirtschaftliche Maschinen notwendig. Im Oktober wird bei der Zuckerrübenernte der Rübenvollernter eingesetzt. Er entfernt automatisch die Blätter und die Hauptwurzeln der Rüben. In großen Erntewagen werden die Zuckerrüben schließlich in die Zuckerfabrik transportiert.

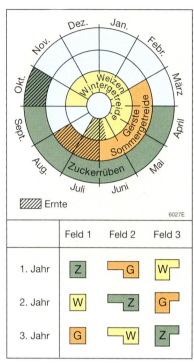

M5 *Anbaukalender und Fruchtwechsel im Gäuboden*

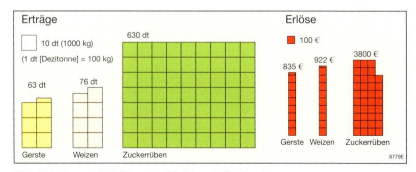

M4 *Erträge und Erlöse pro Hektar Ackerland*

1 Erkläre, warum der Gäuboden als landwirtschaftlicher Gunstraum bezeichnet werden kann.

2 Beschreibe anhand von Beispielen die Begriffe „Spezialisierung" und „Intensivierung".

3 Erkläre anhand von M4 und M5, warum die Fruchtwechselwirtschaft im Gäuboden eine sinnvolle Spezialisierung ist.

GEO-METHODE • GEO-METHODE

M2 *Ein Stück Boden*

Bodenproben untersuchen

Was ist Boden?

Der **Boden** ist eine manchmal nur wenige Zentimeter dünne, manchmal aber bis zu einem Meter dicke Schicht der äußeren Erdkruste. Er ist mit Luft, Wasser und Lebewesen durchmischt und bietet den Wurzeln der Pflanzen Halt. Seine Entstehung verdankt der Boden äußeren Einflüssen wie Hitze, Frost und Wasser. Sie haben das Gestein zersetzt und Mineralstoffe gebildet. Diese brauchen die Pflanzen für ihr Wachstum ebenso wie Licht und Wärme. Wenn die Wurzeln der Pflanzen leicht in den Boden eindringen und noch in größerer Tiefe Mineralstoffe und Wasser aufnehmen können, dann besitzt der Boden eine hohe **Bodenfruchtbarkeit**. Je fruchtbarer ein Boden ist, desto höher ist der Ertrag im Ackerbau.

Der Boden kann aus mehreren Bestandteilen unterschiedlicher Größe bestehen: aus Ton, Schluff, Sand, Kies und Steinen. Die Bodenart erhält ihren Namen aus dem hauptsächlichen Bestandteil.

M1 *Größenvergleich der Bodenbestandteile*

Bodenart	Bestandteile	Eigenschaften
Sandboden	hoher Sandanteil, geringer Ton- und Schluffanteil	körnig, locker, wasserdurchlässig
Schluffboden	mehr als die Hälfte der Körner haben Schluffgröße	weniger locker, geringere Wasserdurchlässigkeit
Tonboden	mindestens ein Drittel Tonanteil	fein, klebrig, gut formbar, wasserstauend
Lehmboden	gleiche Anteile von Sand, Schluff und Ton	gut durchlüftet, gute Wasserspeicherfähigkeit
Humusboden	zersetzte Pflanzenreste, Kleinstlebewesen	sehr große Wasserspeicherfähigkeit

M3 *Bodenarten: Bestandteile und Eigenschaften*

GEO-METHODE • GEO-METHODE

So bestimmst du Bodenbestandteile und Bodenarten:

1. Bodenproben nehmen
Ziehe an deinem Heimatort mit einem stabilen Löffel oder einer Spielzeugschaufel drei verschiedene Bodenproben, zum Beispiel von einem Acker, von einem Maulwurfshügel und aus der Weitsprunggrube deiner Schulsportanlage. Fülle die Bodenproben in eine kleine Plastiktüte und achte darauf, dass du sie nicht miteinander vermischst.

2. Bodenbestandteile bestimmen
Nimm aus der ersten Plastiktüte eine kleine Menge der Bodenprobe und gib sie auf deine Handfläche. Zerreibe diese Bodenprobe mit den Fingern. Betrachte mit einer Lupe die Größe der einzelnen Bodenbestandteile und vergleiche sie mit den Vergleichsgrößen aus M1. Stelle fest, welcher Bodenbestandteil überwiegt. Wenn eine eindeutige Bestimmung möglich ist, dann beschrifte mit einem Filzstift die Plastiktüte, aus der du die Bodenprobe entnommen hast. Schreibe darauf den Namen der Bodenart, zum Beispiel „Sandboden".

3. Bodenarten benennen
Ist eine eindeutige Bestimmung der Bodenart noch nicht möglich, dann befeuchte die Bodenprobe auf deiner Handfläche mit etwas Wasser. Versuche die Bodenprobe zu einer Wurst zu rollen. Falls die Probe zerbröselt, handelt es sich um einen Sandboden. Wenn du die Probe zu einer Wurst von einer halben Bleistiftstärke ausrollen kannst, dann handelt es sich um einen Lehmboden. Gelingt dies nicht, so ist es ein Schluffboden. Ist deine Bodenprobe noch dünner ausrollbar als eine halbe Bleistiftstärke, so liegt ein Tonboden vor.
Vergleiche die Ergebnisse deiner Versuche mit den Vergleichsbildern (M4). Beschrifte deine Plastiktüten mit dem Namen der Bodenart.

Sandboden

Schluffboden

Tonboden

M4 *Fingerprobe von Bodenarten*

So bestimmst du die Wasserspeicherfähigkeit verschiedener Bodenarten:

1. Das Trockengewicht der Bodenarten bestimmen
Bedecke das Ablaufloch im Boden von vier gleich schweren Blumentöpfen mit einem Stück Filterpapier, das du aus einem Kaffeefilter ausgeschnitten hast. Fülle die Blumentöpfe randvoll mit einem Sand-, Lehm-, Ton- und einem Humusboden im trockenen Zustand. Wiege sie und notiere ihr Gewicht.

2. Die gespeicherte Wassermenge berechnen
Lege auf eine Auffangwanne zwei Leisten mit einem Mittelabstand von 2 cm. Stelle die vier Blumentöpfe so darauf, dass Wasser durch den Spalt in die Auffangwanne ablaufen kann. Gieße mit einem Haushaltsmessbecher jeweils die gleiche Menge Wasser – zum Beispiel 125 Milliliter – in die vier Blumentöpfe.
  Wiege nach fünf Minuten die Blumentöpfe erneut und notiere dir ihr Gewicht. Berechne, wie viel Wasser die Bodenarten jeweils gespeichert haben.

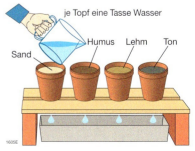

M5 *Versuch zur Wasserspeicherfähigkeit*

M1 *Lage des Allgäus in Bayern*

M2 *Allgäulandschaft*

Grünlandwirtschaft im Allgäu

Milch und Käse aus dem Alpenvorland

Auf der Fahrt von München in südwestlicher Richtung nimmt der Anteil der Wiesen und Weiden an der landwirtschaftlichen Nutzfläche immer mehr zu, ein Zeichen dafür, dass man ins Allgäu kommt. Aufgrund der hohen Niederschläge ist ein ertragreicher Ackerbau nicht mehr möglich, sodass die **Grünlandwirtschaft** vorherrscht. Die Bauern haben sich hier auf die Tierhaltung für die Milcherzeugung spezialisiert. Das Allgäuer Braunvieh frisst das Gras auf den Weiden in der Nähe der Höfe oder die Kühe stehen in Ställen, in denen sie mit frischem Gras und mit Heu von den Wiesen gefüttert werden. Bei ausreichender Düngung können die Wiesen bis zu viermal jährlich gemäht werden. Etwa 300 000 Kühe im Allgäu erzeugen mehr als eine Milliarde Liter Milch im Jahr und aus den Allgäuer Käsereien kommt ein Viertel der gesamten deutschen Käseproduktion. Besonders bekannte Sorten sind Camembert und Emmentaler.

Info

Steigungsregen
Wenn Luft gegen ein Gebirge getrieben wird, steigt sie auf und kühlt sich mit zunehmender Höhe ab. Da kalte Luft weniger Feuchtigkeit halten kann als warme Luft, kommt es zur Kondensation.
Dieser Begriff besagt, dass der gasförmige Wasserdampf in der Luft in den flüssigen Zustand übergeht und kleine Wassertröpfchen entstehen, die immer größer werden. Wenn sie schwer genug sind, fallen sie als Regentropfen zur Erde.

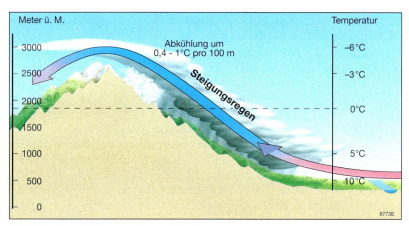

M3 *Niederschläge an einem Gebirge*

Ländliche Räume in Bayern und Deutschland

M4 *Viehauftrieb und Viehabtrieb*

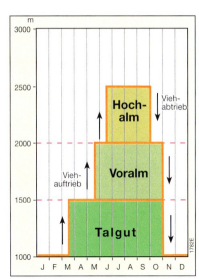

M5 *Almwirtschaft*

Einsames Leben auf der Alm

Eigentlich ist Elisabeth Holzer Landwirtschaftsmeisterin auf einem großen Bauernhof in der Nähe von Bad Tölz. Aber seit zwölf Jahren lässt sie im Sommer alles hinter sich und steigt hinauf auf die Alm. Die Annehmlichkeiten des modernen Lebens bleiben unten im Tal: Strom hat sie ebenso wenig im Haus wie fließendes Wasser. Der vordere Teil ihrer Hauses mit der Küche und den zwei niedrigen Wohnräumen ist solide gemauert. Der hintere Teil ist aus Holz gezimmert. Hier hat das Vieh seinen Platz, das aber fast den ganzen Almsommer draußen auf den Weiden grast. Nur zum Melken holt Frau Holzer die Milchkühe rein. Dann müssen sich die Wanderer, die hier gelegentlich vorbeikommen, etwas gedulden.

„Meine Alm ist aber keine Touristenalm", sagt Elisabeth Holzer mit Nachdruck. Denn Arbeit gibt es hier oben mehr als genug in den dreieinhalb Monaten des Almsommers. Die Kühe wollen gemolken und die Milch verarbeitet sein. Nach dem Frühstück beginnt die langwierige Arbeit des Käsemachens. Über dem gemauerten Herd, der mit Holz befeuert wird, hängen die Gerätschaften dafür und im Nebenraum reift der Käse in einem Regal, das zum Schutz vor Mäusen mit einem Drahtgitter verschlossen ist. Die Katze, die eigentlich die Mäuse jagen sollte, hat vor einer Woche der Steinadler geholt.

Das Leben auf der Alm hat sich in den letzten Jahren stark verändert. 1400 Almen oder „Alpen", wie sie im Allgäu heißen, gibt es noch in Bayern. Doch die Milchkühe stehen immer weniger auf den Almweiden. Heute werden oft nur die Jungtiere, das so genannte Galtvieh, hinaufgetrieben, weil sich große Bestände an Milchkühen nicht lohnen. Auf den Almen mit Galtvieh kann man völlig ohne Arbeitskäfte auskommen, denn die Tiere brauchen noch nicht gemolken werden. Damit sind die meisten Almen eine Art Sommerfrische für den Nachwuchs, der im rauen Klima robuster gegen Krankheiten werden soll.

M6 *Nach: Süddeutsche Zeitung vom 7.9.2001*

1 Erläutere, warum sich die Bauern im Allgäu auf die Milchviehhaltung spezialisiert haben.

2 Beschreibe den jahreszeitlichen Ablauf der Almwirtschaft (M4 und M5).

3 Begründe, warum es im Allgäu heute fast nur noch Galtalmen gibt.

M1 *Weinanbaugebiete in Deutschland*

M3 *Flurbereinigte Weinberge am Main (Escherndorf westl. von Volkach)*

Weinanbau in Franken

Wein – eine anspruchsvolle Pflanze

Der Weinstock hat seine Heimat im Mittelmeerraum und braucht deshalb warme Sommer und auch noch im Herbst viel Sonne. In Deutschland gedeihen die Trauben nur in einigen klimatisch günstigen Gebieten und dort vor allem an steilen, nach Süden oder Südwesten ausgerichteten Hängen. Das einzige Anbaugebiet für Reben in Bayern sind die Täler des Mains und seiner Zuflüsse. Das Zentrum des Weinbaus in Mainfranken ist Würzburg. Die hier verbreiteten fruchtbaren, kalkhaltigen Lössböden speichern die Wärme besonders gut. Der Anbau von Wein erfordert einen besonders hohen Arbeitsaufwand. Deshalb handelt es sich um eine Sonderkultur.

www

www.wein.de
www.wein-abc.de
www.germanwine.de
www.gwf-frankenwein.de

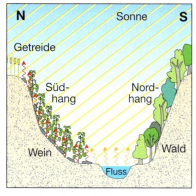

M2 *Wein braucht Wärme*

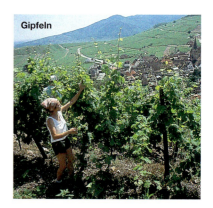

M4 *Arbeiten im Weinbau*

Ländliche Räume in Bayern und Deutschland

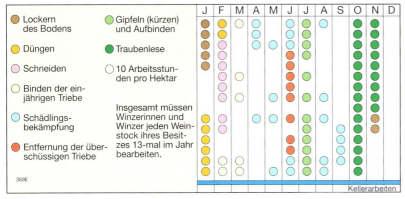

M5 *Arbeitskalender eines Winzers*

Info

Sonderkulturen

Sonderkulturen sind Nutzpflanzen, die mit hohem Aufwand an Arbeit, Sorgfalt und Geld meist auf kleine Flächen angebaut werden. Dies können mehrjährige Pflanzen sein, wie Obst, Wein, Hopfen oder Spargel, aber auch einjährige Pflanzen wie Tabak oder Gemüse.

Besonderheiten des Weinbaus

Die Weinbauern, Winzer genannt, besitzen in Mainfranken in der Regel Weinberge von ein bis zwei Hektar. Das Einkommen, das mit einer so kleinen Fläche erzielt wird, reicht für eine Familie nicht aus. Deshalb betreiben die meisten Winzer den Weinbau nur noch im Nebenerwerb. Da das Keltern der Trauben einen hohen Arbeitsaufwand erfordert, haben sich viele Winzer in **Genossenschaften** zusammengeschlossen, die die Arbeiten im Weinkeller und zusätzlich den Verkauf übernehmen.

In vielen Gemeinden Mainfrankens werden die Südhänge in den Flusstälern seit Jahrhunderten vom Weinbau geprägt. Wein ist eine **Dauerkultur**, die den Boden einseitig beansprucht. Die Rebstöcke werden auch von Krankheiten wie dem Mehltau befallen und Schädlinge wie die Reblaus breiten sich schnell aus, da es keinen Fruchtwechsel gibt. Handelsdünger und Pflanzenschutzmittel sind deshalb für viele Winzer unverzichtbar. Damit die Weinberge besser mit Maschinen bearbeitet werden können, hat man die früher oft weit verstreuten Flächen eines einzelnen Winzers zusammengelegt und dabei Mauern zwischen den einzelnen Feldern beseitigt. Diese Flurbereinigung hat aber auch negative Folgen: Bei starken Niederschlägen wird der Boden ins Tal gespült. Manche Winzer säen als Gegenmaßnahme zwischen den Rebstöcken Gräser, die den Boden festhalten sollen.

1 Begründe, warum Wein nicht überall in Deutschland angebaut wird.

2 Ermittle, wie viele Stunden ein Winzer pro Monat im Weinberg arbeitet (M5).

3 Sammelt Etiketten von leeren Weinflaschen und klebt sie lagerichtig in eine große Karte mit den deutschen Weinanbaugebieten ein. Die Karte erstellt ihr auf der Grundlage einer geeigneten Atlaskarte (Deutschland – Landwirtschaft).

4 Finde im Supermarkt heraus, in welchen Ländern der Erde Wein angebaut wird.

5 Suche im Atlas Anbaugebiete für weitere Sonderkulturen und schreibe sie auf.

GEO-METHODE • GEO-METHODE

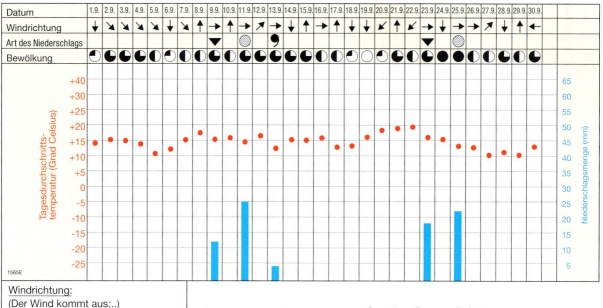

M1 *Vorlage für einen Wetterbeobachtungsbogen*

Info

Wetter
Unter dem Begriff „Wetter" versteht man das kurzzeitige Zusammenwirken von Temperatur, Niederschlag, Sonneneinstrahlung, Bewölkung und Wind zu einem bestimmten Zeitpunkt und an einem bestimmten Ort. In Wetterstationen wird das Wetter beobachtet und gemessen.

Temperaturen und Niederschläge messen

„Bauernregeln"
Es waren von alters her die Bauern, die das Wettergeschehen beobachteten, Regelmäßigkeiten aufschrieben und Vorhersagen trafen. Auch du kannst dich als Hobby-Wetterkundler betätigen.

So führst du einen Wetterbeobachtungsbogen:

1. Eine Wetterstation zusammenstellen
Du benötigst zunächst ein Außenthermometer und einen Regenmessbecher. Diese Gegenstände bekommst du im Garten-Center. Zur Windbeobachtung bastelst du dir eine Windfahne. Dazu nimmst du ein schmales Stoffband, das du mit einem Reißnagel auf einer Holzleiste befestigst. Zur Bestimmung der Himmelsrichtungen, aus denen der Wind weht, benötigst du einen Kompass. Zeichne auf Kästchenpapier einen Wetterbeobachtungsbogen (M1), in den du deine Ergebnisse einträgst.

2. Windrichtung bestimmen und Niederschläge messen
Du musst die Wettererscheinungen täglich zur selben Zeit beobachten und messen, zum Beispiel morgens um 7 Uhr. Die Windrichtung bestimmst mit Kompass und Windfahne. Das Ergebnis trägst du in den Wetterbeobachtungsbogen ein. Die tägliche Niederschlagsmenge ermittelst du, indem du jeweils zum gleichen Zeitpunkt nachschaust, wie viel Regenwasser sich in deinem Regenmessbecher angesammelt hat. Ein Teilstrich im Messbecher entspricht Regenwasser von einem Millimeter Höhe auf einem Quadratmeter Boden. Trage jede Tagesniederschlagsmenge als Millimetersäule in deinen Wetterbeobachtungsbogen ein und leere den Messbecher aus.

3. Die Tagesdurchschnittstemperatur ermitteln
Der Deutsche Wetterdienst misst in München die Tagestemperatur stündlich, addiert die Einzelwerte und teilt die Summe durch 24. Du kannst dir mit einer anderen Methode helfen. Du misst die Außentemperatur täglich zwei Mal zur gleichen Zeit, zum Beispiel um 7 Uhr und um 15 Uhr, und teilst die Summe der beiden Werte durch zwei. Diesen gemittelten Wert trägst du als roten Punkt in den Wetterbeobachtungsbogen ein.

GEO-METHODE • GEO-METHODE

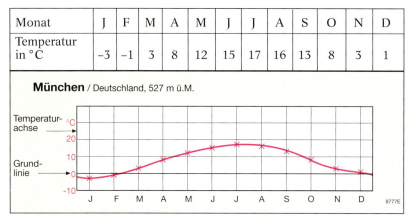

Monat	J	F	M	A	M	J	J	A	S	O	N	D
Temperatur in °C	–3	–1	3	8	12	15	17	16	13	8	3	1

M2 *Temperaturkurve der Station München*

So stellst du Wetterwerte in einer Zeichnung dar:

1. Monatsmitteltemperaturen als Kurvendiagramm darstellen
Um die Durchschnittstemperatur eines Monats zu berechnen addierst du die Werte sämtlicher Tagesmitteltemperaturen und teilst die Summe durch die Zahl der Monatstage.
Zeichne eine Monatsleiste (M2 oberer Teil) und notiere die errechneten Zahlen, die Monatsmitteltemperaturen, für jeden Monat.
Zeichne ein Diagramm aus Grundlinie und Temperaturachse (M2) und trage die Monatsmitteltemperaturen aller Monate als Kreuze ein. Wähle die Zeichenfarbe Rot. Verbinde alle Werte mit einer roten Linie. Jetzt erhältst du eine Kurve der mittleren Monatstemperaturen.

2. Monatsniederschläge als Säulendiagramm darstellen
Um die monatlichen Niederschlagsmengen zu berechnen addierst du sämtliche Tagesniederschlagsmengen eines Monats.
Zeichne eine Monatsleiste (M3 oberer Teil) und trage die Monatsniederschläge ein.
Zeichne ein Diagramm aus Grundlinie und Niederschlagsachse (M3) und markiere für jeden Monat den genauen Wert. Zeichne Niederschlagssäulen. Wähle die Farbe Blau als Zeichenfarbe.
Addiere die Niederschlagswerte aller Monate eines Jahres. Jetzt erhältst du den Jahresniederschlagswert.

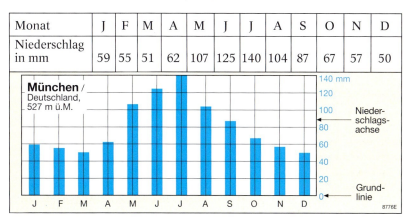

Monat	J	F	M	A	M	J	J	A	S	O	N	D
Niederschlag in mm	59	55	51	62	107	125	140	104	87	67	57	50

M3 *Monatliche Niederschlagssäulen der Station München*

> „Ist bis Dreikönig (6. Januar) kein Winter, kommt auch keiner dahinter."
>
> „Ein heiterer März erfreut des Bauern Herz."
>
> „Sonne im Juni und recht viel Regen, bringt das ganze Jahr über Segen."
>
> „Hat St. Martin (11. November) einen weißen Bart, wird der Winter streng und hart."

M4 *Bauernregeln*

WWW
www.deutscher-wetterdienst.de
www.wetter.de
www.wetteronline.de

M5 *Regenmessbecher*

1 Zeichne ein Kurven- und ein Säulendiagramm der Station Hamburg anhand der angegebenen Monatsdurchschnittstemperaturwerte und der Monatsniederschlagswerte auf Seite 159.

2 Erkläre, welches Wettergeschehen die Bauernregeln ausdrücken (M4).

Viehwirtschaft in Südoldenburg

Massentierhaltung – industrialisierte Landwirtschaft

In den Landkreisen Oldenburg, Vechta und Cloppenburg im westlichen Niedersachsen gibt es landwirtschaftliche Betriebe mit mehreren Tausend Mastschweinen oder über einer Million Legehennen. Deshalb nennt man diese Art von Landwirtschaft auch **Massentierhaltung**. Die Böden im Raum südlich von Oldenburg sind nicht sehr fruchtbar. So haben sich viele Landwirte auf die Tierhaltung spezialisiert. Sie bauen auf ihren Feldern aber nur einen Teil der Futterpflanzen selbst an und kaufen als Kraftfutter eine Mischung aus Mais, Getreide und Soja. Soja ist eine eiweißreiche Bohnenart. Sie wird zum Beispiel in Nord- und Südamerika angebaut und über die nahen Nordseehäfen nach Deutschland eingeführt und vom Futterhandel verkauft.

Die Schweinemäster arbeiten noch mit anderen Betrieben zusammen: Sie kaufen die Jungtiere regelmäßig bei speziellen Züchtern. Die Ferkel haben ein Gewicht von 20 kg und erreichen innerhalb von vier Monaten ihr Schlachtgewicht von 100 kg. In den Mastbetrieben werden die Tiere durch automatische Fütterungsanlagen versorgt. Die Menge und die Zusammensetzung des Futters kontrolliert der Computer, der dabei das Gewicht jedes einzelnen Tieres berücksichtigt. Die Vermarktung der Schweine übernehmen Großbetriebe, in deren Auftrag zahlreiche Mäster arbeiten.

Die Massentierhaltung funktioniert so ähnlich wie die Produktion in der Industrie: Der einzelne Mastbetrieb ist nur ein Teil einer Fertigungskette mit Zulieferbetrieben und Kunden. Man spricht deshalb auch von der industrialisierten Landwirtschaft oder **Agroindustrie**. Sie erlaubt eine sehr kostengünstige Produktion: Dies kommt den Verbrauchern entgegen, die billige Fleisch- und Wurstwaren kaufen wollen.

M1 *Lage von Oldenburg in Deutschland*

M2 *Automatische Fütterung*

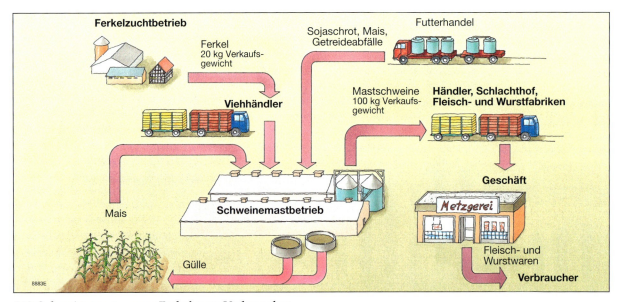

M3 *Schweinemast – vom Ferkel zum Verbraucher*

Ländliche Räume in Bayern und Deutschland

M4 *Ausbringen der Gülle*

Folgen der intensiven Viehhaltung

Bei der Massentierhaltung stehen die Tiere in ihren Boxen auf so genannten Spaltenböden, unter denen die Ausscheidungen automatisch abgepumpt werden. Da Gülle in großen Mengen anfällt, wird sie neben den Ställen in geschlossenen Behältern gelagert, bis sie auf den Feldern als Dünger ausgebracht wird, damit zum Beispiel der Futtermais besser wächst. Von Ende Oktober bis Ende Februar ist es aber verboten, die Gülle auf den Feldern zu verregnen, denn im Winter können die Pflanzen keine Nährstoffe aufnehmen. Diese Verordnung soll Umweltprobleme verhindern, die durch zu viel Gülle im Boden entstehen können.

Um die Gülle von 1000 Schweinen zu entsorgen braucht ein Betrieb etwa 58 Hektar landwirtschaftliche Nutzfläche. Da viele Mastbetriebe diese Flächen nicht selbst besitzen, müssen sie oft weit entfernt Felder zupachten um ihre Gülle auszubringen.

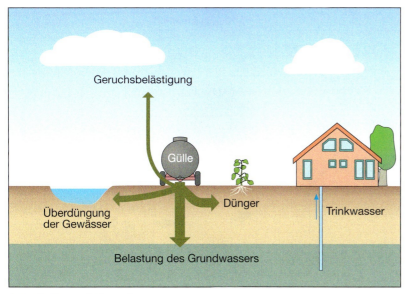

M5 *Gülle und Umwelt*

Info

Umweltproblem Gülle
Gülle ist ein Gemisch aus Wasser und dem Kot und Harn der Tiere. Sie enthält Nährstoffe für die Pflanzen. Wenn diese Nährstoffe aber von den Pflanzen nicht mehr aufgenommen werden können, weil die Pflanzen bereits versorgt sind, gelangen sie über das Grundwasser in Flüsse und Seen. Dort bewirken sie, dass sich Kleinlebewesen wie zum Beispiel Algen vermehren. Dadurch wird in größerem Maße Sauerstoff im Wasser verbraucht. Infolge eines Sauerstoffmangels kann es zum Fischsterben kommen.

1 Nenne Gründe, warum sich viele Bauern in Südoldenburg auf die Fleischerzeugung spezialisiert haben.

2 Schweinemastbetriebe in Südoldenburg arbeiten mit Zulieferbetrieben zusammen. Erkläre dies an Beispielen.

3 Erläutere, warum es eine „Gülle-Verordnung" gibt (Text, M5).

4 „Der Kunde im Supermarkt trägt dazu bei, dass durch die industrialisierte Landwirtschaft Umweltprobleme entstehen." Nimm dazu Stellung (M3).

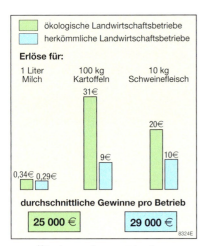

M1 *Ökologische und herkömmliche Landwirtschaft im Vergleich 2001*

Ökologische Landwirtschaft

Ackerbau und Tierhaltung – möglichst natürlich

Von den 421 000 Landwirten, die es in Deutschland gibt, haben 10 000 ihren Betrieb umgestellt auf eine naturnahe Wirtschaftsweise, die so genannte **ökologische Landwirtschaft**. Viele herkömmlich wirtschaftende Bauern machen die Erfahrung, dass ihre Einnahmen zurückgehen, obwohl sie immer mehr Geld für Handelsdünger, Pflanzenschutzmittel und Kraftfutter ausgeben. Die Erträge lassen sich dadurch zwar steigern, aber die Landwirte bekommen für ihre Produkte nicht mehr gezahlt, da die Preise in den Geschäften nicht steigen sollen. Andererseits verlangen immer mehr Kunden Lebensmittel, in denen sich möglichst wenige chemische Rückstände ansammeln. Dies ist bei Nahrungsmitteln aus ökologischem Anbau der Fall. Für die Qualität ihrer Nahrungsmittel können die Öko-Bauern einen höheren Preis verlangen.

Die Zahl der Tiere auf einem Öko-Bauernhof ist festgelegt: Es sind höchstens drei Kühe pro Hektar (oder entsprechend viele kleinere Nutztiere), denn das Futter muss zum größten Teil auf den eigenen Feldern erzeugt werden. Ökologisch wirtschaftende Bauern lehnen Massentierhaltung ab, weil dort fast ausschließlich industriell hergestelltes Fertigfutter und Masthilfsmittel verwendet werden. Außerdem werden bei der Massentierhaltung Arzneimittel eingesetzt, damit sich in den Ställen keine Krankheiten ausbreiten. Für einen Öko-Landwirt ist es wichtig, dass die Tiere artgerecht gehalten werden. So gibt es für Schweine Familienställe, in denen sich die Tiere frei bewegen können.

M2 *Anbau von Mischkulturen (Hafer, Erbsen, Futtermais)*

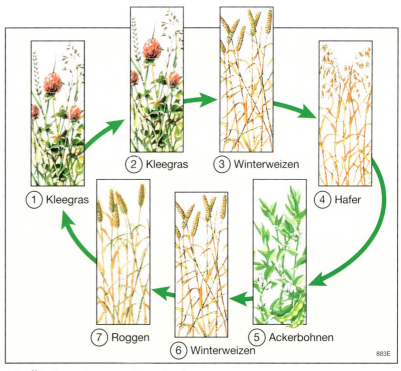

M3 *Ökologischer Fruchtwechsel*

Ländliche Räume in Bayern und Deutschland

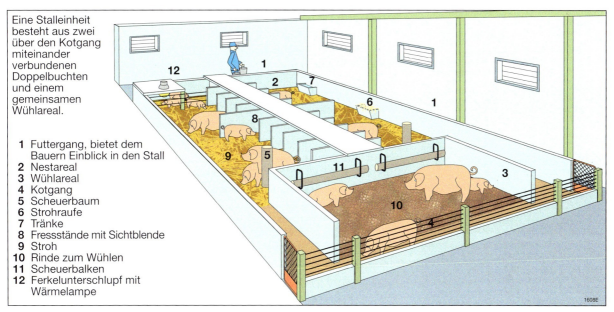

Eine Stalleinheit besteht aus zwei über den Kotgang miteinander verbundenen Doppelbuchten und einem gemeinsamen Wühlareal.

1 Futtergang, bietet dem Bauern Einblick in den Stall
2 Nestareal
3 Wühlareal
4 Kotgang
5 Scheuerbaum
6 Strohraufe
7 Tränke
8 Fressstände mit Sichtblende
9 Stroh
10 Rinde zum Wühlen
11 Scheuerbalken
12 Ferkelunterschlupf mit Wärmelampe

M4 *Artgerechter Schweinestall*

Grundzüge des ökologischen Ackerbaus

Auf den Feldern von Öko-Bauern werden im Wechsel Blattpflanzen (z. B. Kleegras oder Ackerbohnen) und Halmpflanzen (z. B. Weizen oder Roggen) oder auch Mischkulturen angebaut. Blattpflanzen entwickeln große Wurzeln, die tief in den Boden reichen. Sie lockern ihn auf, sodass die Lebewesen im Boden Luft und Wasser erhalten. Einige Blattpflanzen wie das Kleegras führen dem Boden zusätzlich Nährstoffe zu. Halmpflanzen dagegen entwickeln wenig Wurzeln. Sie entziehen dem Boden viele Nährstoffe.

Öko-Bauern bearbeiten ihre Felder nicht mit großen Maschinen: Der Boden wird nur etwa 20 cm tief gepflügt, aufgelockert und flach gewendet. Die Arbeitsgeräte sind klein und leicht um den Druck auf den Boden möglichst gering zu halten. Die Erde bleibt locker.

Der wichtigste Dünger für die Öko-Landwirte ist Stallmist, aber auch Ernterückstände wie Stroh und Blätter werden in den Boden eingearbeitet. Etwa alle vier Jahre wird auf jedem Feld Kleegras angebaut um es im Herbst unterzupflügen. Diese Art der Nährstoffzufuhr nennt man Gründüngung.

Für Öko-Bauern hat jede Pflanze und jedes Tier eine wichtige Aufgabe im Ökosystem. Die einzelnen Nutzpflanzen werden von ganz bestimmten Insekten befallen, die sich beim herkömmlichen Fruchtwechsel nicht ausrotten lassen. Dagegen verhindert der ökologische Fruchtwechsel die Ausbreitung dieser Insekten: Sie finden keine Nahrung mehr und gehen zugrunde. Öko-Landwirte setzen auch dann keine chemischen Pflanzenschutzmittel ein, wenn Wildkräuter oder Insekten in Massen auftreten und die Ernte bedrohen. Die Kräuter werden mit einer Hackmaschine oder mit der Hand entfernt, gegen die Schädlinge und gegen Krankheiten spritzt der Öko-Bauer Kräuterauszüge (z. B. aus Brennnesseln).

1 Erkläre, warum ein Öko-Landwirt bei der Unkraut- und Schädlingsbekämpfung mehr arbeiten muss als ein herkömmlich wirtschaftender Bauer.

2 Begründe, warum sich die Umstellung auf ökologische Landwirtschaft für die Bauern lohnen kann (M1).

3 Entwirf ein Informationsblatt für einen Bio-Bauern, der seine Produkte auf dem Wochenmarkt verkaufen will.

BLICK IN DEN HEIMATRAUM

M1 *Zwei Getreidearten*

Wir erkunden einen Bauernhof

Vorbereitung
Ihr möchtet euch einmal einen Bauernhof aus der Nähe ansehen. Vielleicht gibt es Mitschülerinnen oder Mitschüler, deren Eltern oder Verwandte noch selbst einen Hof bewirtschaften. Ansonsten bekommt ihr vom zuständigen Landwirtschaftsamt Adressen von Landwirtschaftsbetrieben. Bevor es losgeht, müsst ihr ermitteln, wie der Bauernhof von der Schule aus zu erreichen ist: zu Fuß, mit dem Fahrrad oder mit dem Bus. Die Erkundung eines landwirtschaftlichen Betriebs kann natürlich auch ein Programmpunkt während eures Aufenthalts im Schullandheim sein.

Überlegt euch schon vorher, welche Fragen ihr stellen wollt.
Ihr könnt bei der Erkundung zum Beispiel Folgendes herausbekommen:
– Wie sieht es mit den natürlichen Voraussetzungen aus?
– Was wird angebaut? Welche Tiere werden gehalten?
– Welcher Fruchtwechsel wird durchgeführt?
– Welche Erträge liefern die Felder?
– Welche Arbeiten fallen im Laufe eines Tages und eines Jahres an?
– Wie viele Arbeitskräfte gibt es im Betrieb?
– Welche Maschinen werden eingesetzt?
– An wen werden die Erzeugnisse des Bauernhofs verkauft?
– Welche Zukunftsplanungen gibt es für den Betrieb?

Ordnet euren Fragebogen nach Themen und lasst dabei genügend Platz für die Antworten. Denkt auch an Stifte und Papier um Skizzen anzufertigen. Ihr könnt euren Besuch auch mit einem Kassettenrecorder, einem Fotoapparat oder einer Videokamera festhalten.

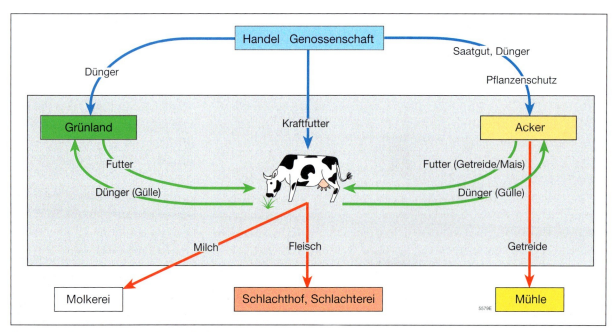

M2 *Betriebsströme eines Bauernhofs*

BLICK IN DEN HEIMATRAUM

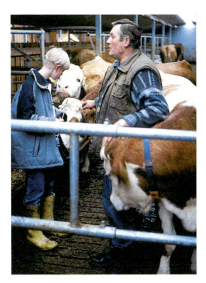

M3 *Bilder von einer Hoferkundung*

Durchführung

Am Anfang eurer Erkundung wird euch die Bäuerin oder der Bauer erst einmal den gesamten Hof mit allen Gebäuden zeigen. Ihr könnt dabei schon einen Teil der Fragen auf eurer Liste beantworten. Im anschließenden ausführlichen Interview mit dem Betriebsinhaber könnt ihr die noch fehlenden Antworten in eurem Fragebogen notieren. Jetzt kommen auch der Recorder und die Kamera zum Einsatz. Vielleicht werden in dem Gespräch sogar Themen angesprochen, an die ihr bei der Vorbereitung nicht gedacht habt. Notiert auch diese Informationen.

Stellt eure Fragen so, dass ihr später zum Beispiel ein Schaubild vom Tagesablauf der auf dem Hof Beschäftigten oder einen Jahreskalender für den Maschineneinsatz anfertigen könnt. Abschließend könnt ihr den Grundriss des Bauernhofs mit den verschiedenen Gebäuden skizzieren und die passenden Fotos dazu machen.

Präsentation

Im Unterricht vergleicht ihr die Ergebnisse eurer Hoferkundung und arbeitet sie so aus, dass sie zum Beispiel in Form einer Wandzeitung im Klassenzimmer gezeigt werden können. Dazu werden die Antworten der verschiedenen Fragebögen miteinander verglichen um eine Zusammenfassung zu schreiben. Die vor Ort angefertigten Skizzen und Schaubilder müssen in eine saubere Form gebracht werden und aus der Vielzahl der Fotos wählt ihr die aussagekräftigsten aus.

Vielleicht gibt es im Schulhaus auch einen Schaukasten, den ihr gemeinsam gestaltet um den anderen Klassen die Ergebnisse eurer Betriebsbesichtigung zu präsentieren.

Etwas mehr Zeit erfordert das Zusammenstellen eines Videofilms, aber dabei können euch ältere Schüler helfen. Ihr könnt euren fertigen Film am Klassenelternabend oder beim Schulfest zeigen.

M4 *Zwei weitere Getreidearten*

Lebensmittel aus aller Welt

Waren früher und heute

Vor 50 Jahren war das Angebot in den Lebensmittelgeschäften nicht sehr vielfältig: Die Jahreszeit bestimmte, welches Obst und Gemüse angeboten wurde, im Winter gab es zum Teil nur Kohl, Kraut und Kartoffeln. Die Frischmilch wurde aus einer großen Stahlkanne geschöpft. Das Sauerkraut kam aus einem offenen Steinfass. Wurst und Käse wurden in Metzgereien und Käsereien der umliegenden Städte und Dörfer hergestellt.

Heute ist das Warenangebot in den Supermärkten überaus reichhaltig. Reis aus Thailand lagert neben Glasnudeln aus China. Käse kommt zum Beispiel aus Frankreich und aus der Schweiz. Im Winter erhält man Erdbeeren aus Island, im Frühjahr Schwarzbeeren aus Marokko. Sechs Millionen Tonnen Frischobst werden pro Jahr aus Übersee nach Deutschland eingeführt, hauptsächlich Kiwis, Melonen, Bananen und exotische Früchte. Fast täglich beliefern Kühltransporter die Supermärkte mit Lebensmitteln aus aller Welt.

Griechischer Salat
Zutaten für vier Personen
- 1 Salatgurke
- 1 grüne Paprikaschote
- 4 Tomaten
- 1 rote Zwiebel
- 300 Gramm Feta-Käse
- 100g schwarze Oliven
- 3 EL Weinessig
- 1/2 TL Salz
- 3 EL Olivenöl
- schwarzer Pfeffer
- 1 TL frische gehackte Kräuter

M1 *Rezept für Griechischen Salat*

Tomaten
Herk.-L: Spanien
Klasse: HKL 1
Gewicht: 500g
1,39 €

Paprika grün
Herk.-L: Israel
Gewicht: 1000g
4,99 €

Gurken
Herk.-L: Holland
Klasse: HKL 1
1 Stück
0,45 €

Zwiebeln
Herk.-L: Deutschland
Klasse: HKL 1
Gewicht: 1000g
0.99 €

Oliven
Herk.-L: Spanien
Gewicht: 200g
2,49 €

Feta-Käse
Herk.-L: Griechenland
Gewicht: 300g
1,99 €

M2 *Griechischer Salat – Zutaten und ihre Herkunftsländer*

---

1 Erstelle eine Liste der Länder, aus denen die Zutaten für den Griechischen Salat (M2) stammen. Suche in einem Supermarkt nach weiteren Lebensmitteln aus diesen Ländern. Trage die Namen der Lebensmittel in deine Liste ein.

Früchte aus fernen Ländern

Mangos, Papayas, Lychees, Passionsfrucht, Guaven und Kokosnüsse finden in Deutschland immer mehr Abnehmer. Allein 20 Millionen Tonnen Mangos und fünf Millionen Tonnen Papayas gelangen jährlich auf den Weltmarkt. Von einem Lychee-Baum können bis zu 300 kg Früchte geerntet werden.

Die exotischen Früchte stammen alle aus Anbaugebieten, in denen es fast das ganze Jahr über sehr heiß ist und es ausreichend Niederschlag gibt.

Die Kiwi

Die Kiwifrucht stammt eigentlich aus Südchina. Sie wurde zu Beginn des 20. Jahrhunderts von einem Missionar nach Neuseeland gebracht und bis 1940 ausschließlich dort angebaut.
Ab 1960 hat die vitaminreiche und wohlschmeckende Frucht ihren Siegeszug rund um die Welt angetreten. 900 000 Tonnen Kiwis werden jährlich geerntet.
Die Hauptanbauländer sind Neuseeland, Chile, Südafrika, aber auch Italien. Die Kiwi wird unreif geerntet, gereinigt und sofort gekühlt. In großen Kühlschiffen, in denen sie während des Transportes reift, tritt sie ihre Reise in deutsche Häfen an.

8775E

M4 *Steckbrief Kiwi*

www

Tropische Früchte
www.doleeurope.com
www.bananes.com

2 Entwirf einen Steckbrief wie in M4 über die Banane.

3 a) In M3 findest du Früchte, die auf Briefmarken abgebildet sind. Schreibe die Namen der Früchte untereinander in dein Heft und trage daneben ein, aus welchem Land die jeweilige Frucht stammt.
b) Suche die Länder, aus denen die Briefmarken stammen, im Atlas: Karte (Erde – politische Übersicht) und bestimme die Kontinente, auf denen sie liegen.

M3 *Briefmarken mit exotischen Früchten*

GEO-WISSEN • GEO-WISSEN

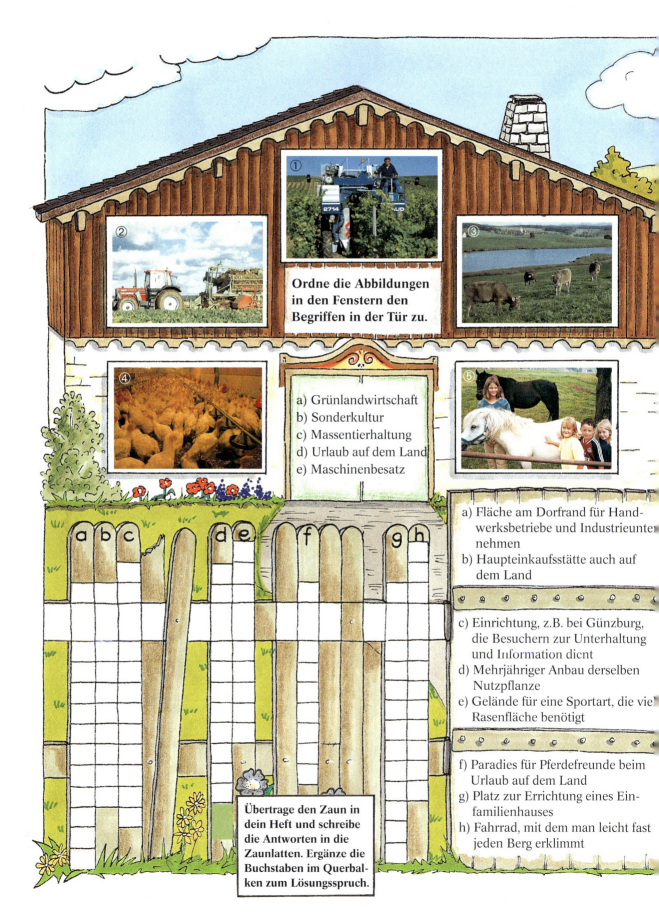

Ordne die Abbildungen in den Fenstern den Begriffen in der Tür zu.

a) Grünlandwirtschaft
b) Sonderkultur
c) Massentierhaltung
d) Urlaub auf dem Land
e) Maschinenbesatz

a) Fläche am Dorfrand für Handwerksbetriebe und Industrieunternehmen
b) Haupteinkaufsstätte auch auf dem Land

c) Einrichtung, z.B. bei Günzburg, die Besuchern zur Unterhaltung und Information dient
d) Mehrjähriger Anbau derselben Nutzpflanze
e) Gelände für eine Sportart, die viel Rasenfläche benötigt

f) Paradies für Pferdefreunde beim Urlaub auf dem Land
g) Platz zur Errichtung eines Einfamilienhauses
h) Fahrrad, mit dem man leicht fast jeden Berg erklimmt

Übertrage den Zaun in dein Heft und schreibe die Antworten in die Zaunlatten. Ergänze die Buchstaben im Querbalken zum Lösungsspruch.

GEO-WISSEN • GEO-WISSEN

NERGOG
BERCKUZERÜN
GELRASKE
ZIENEW
BAHNENOCKER
FAHRE

Bringe die beim Fruchtwechsel vertauschten Buchstaben in die richtige Reihenfolge.

1. Die Börden liegen in Süddeutschland (richtig: B, falsch: A).
2. Der Lössboden entwickelte sich auf Gesteinsstaub aus der Eiszeit (richtig: C, falsch: M).
3. Die hohen Niederschläge in den Alpen entstehen durch Steigungsregen (richtig: K, falsch: L).
4. Ein Winzer baut vor allem Zuckerrüben an (richtig: F, falsch: E).
5. Der Raum Südoldenburg ist ein Zentrum des Weinbaus (richtig: O, falsch: R).
6. Ein Ökobauer betreibt in seinem Stall artgerechte Haltung (richtig: B, falsch: I).
7. Die einzelnen Bestandteile von Sandböden haben einen Durchmesser von weniger als 2 mm (richtig: A, falsch: P).
8. Die Monatsmitteltemperaturen erhält man durch das Addieren aller Tagesmitteltemperaturen (richtig: S, falsch: U).

Entscheide, ob die Behauptungen stimmen.
Schreibe das Lösungswort auf.
Stelle die falschen Aussagen richtig.

Städtische Räume in Bayern

und Deutschland

Berlin – Potsdamer Platz; im Hintergrund links der Fernsehturm am Alexanderplatz

M1 *Die Bundesflagge*

Politische Gliederung und Verdichtungsräume

Die Länder Deutschlands

Über 40 Jahre lang war Deutschland ein geteiltes Land: Die westlich gelegene Bundesrepublik Deutschland gliederte sich in zehn Länder, den östlichen Teil Deutschlands bildete die Deutsche Demokratische Republik (DDR). Auch die Stadt Berlin war in einen westlichen Teil, der zur Bundesrepublik Deutschland gehörte, und in einen östlichen Teil, der Hauptstadt der DDR war, geteilt.

Am 3. Oktober 1990 kam es zur Wiedervereinigung der beiden deutschen Staaten: Jetzt besteht die Bundesrepublik Deutschland aus 16 Ländern. Jedes Land hat eine **Landeshauptstadt.** Seit 1999 ist Berlin nicht nur die Hauptstadt Deutschlands, sondern auch Sitz der Bundesregierung und des Parlaments, genannt Bundestag.

Info

Regierungsbezirke
Alle Länder der Bundesrepublik Deutschland sind jeweils in Bezirke unterteilt. Während diese in den Stadtstaaten Hamburg, Bremen und Berlin einzelnen Stadtvierteln entsprechen, setzen sich die **Regierungsbezirke** in den dreizehn Flächenstaaten aus Landkreisen und kreisfreien Städten zusammen.

Land der Bundesrepublik Deutschland	Fläche in km²	Einwohner
Baden-Württemberg	35 800	10 500 000
Bayern	70 600	12 200 000
Berlin	890	3 400 000
Brandenburg	29 100	2 600 000
Freie und Hansestadt Bremen	400	700 000
Freie und Hansestadt Hamburg	760	1 700 000
Hessen	21 100	6 000 000
Mecklenburg-Vorpommern	23 600	1 800 000
Niedersachsen	47 400	7 900 000
Nordrhein-Westfalen	34 100	18 000 000
Rheinland-Pfalz	19 800	4 000 000
Saarland	2 600	1 000 000
Sachsen	18 300	4 400 000
Sachsen-Anhalt	20 400	2 600 000
Schleswig-Holstein	15 700	2 800 000
Thüringen	16 300	2 400 000

M2 *Größe und Einwohnerzahl der Länder Deutschlands 2001*

M3 *Politische Gliederung Deutschlands und Bayerns*

Städtische Räume in Bayern und Deutschland

Verdichtungsräume in Bayern und Deutschland

In Bayern und Deutschland lassen sich städtisch geprägte **Verdichtungsräume** mit einer hohen Bevölkerungsdichte von ländlichen Räumen mit einer geringeren Bevölkerungsdichte unterscheiden. Die Bevölkerungsdichte pro km² gibt die Zahl der Menschen an, die durchschnittlich auf der Fläche von einem Quadratkilometer leben.

Verdichtungsräume zeichnen sich durch eine dichte Bebauung mit Wohnhäusern, Handwerksbetrieben, Handels- und Verwaltungseinrichtungen sowie Industrieanlagen aus. Aufgrund eines gut ausgebauten Netzes von Straßen und Bahnlinien sind alle Teile dieser Räume rasch erreichbar.

Das Wachstum der Städte und Gemeinden ließ im letzten Jahrhundert mancherorts durchgehende Stadtlandschaften entstehen. In Bayern bilden die Städte Nürnberg, Fürth und Erlangen den größten Verdichtungsraum Nordbayerns und München sowie Augsburg Verdichtungsräume in Südbayern.

M5 *Der Bundesadler*

Info

Verdichtungsraum
Für einen Verdichtungsraum gelten folgende Merkmale:
- Fläche mindestens 100 km²
- Einwohnerzahl mindestens 100 000 Menschen
- Bevölkerungsdichte mindestens 1000 Einwohner pro km²

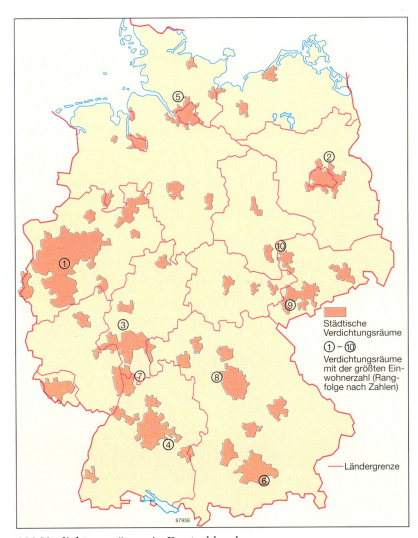

M4 *Verdichtungsräume in Deutschland*

1 Berechne die Einwohnerzahl Deutschlands (M2).

2 Suche aus M2 die drei größten und die drei kleinsten Länder Deutschlands heraus
a) nach ihrer Fläche,
b) nach ihrer Einwohnerzahl.

3 Fasse die Länder Deutschlands in Gruppen nach ihrer Lage im Norden, in der Mitte und im Süden zusammen (M3).

4 a) Ermittle mithilfe der Atlaskarte „Bevölkerungsdichte in Deutschland" die größten Städte der Verdichtungsräume ①–⑩ in M4.
b) Gib jeweils an, in welchen Ländern in der Bundesrepublik Deutschland die Verdichtungsräume aus M4 liegen.

Merkmale einer Stadt

Menschenmengen und Häusermeere

Wenn Bewohner eines Dorfes in die Stadt kommen, so fallen ihnen in der Regel zunächst die vielen Menschen auf. In einer Großstadt wie Würzburg oder Regensburg leben weit über 100 000 Einwohner. Sie wohnen und arbeiten dort, sie nehmen am Verkehr teil, sie kaufen ein oder gehen zur Schule.

Städte kann man nach der Zahl ihrer Einwohner in Größenklassen einteilen. In kleinen Landstädten, wie etwa Wolframseschenbach in Mittelfranken, leben weniger als 5000 Menschen. Wenn aber die Einwohnerzahl einer Stadt die Millionengrenze überschreitet, wie zum Beispiel in Berlin oder Hamburg, spricht man von einer Millionenstadt.

Die geschlossene Bebauung, oft mit mehrgeschossigen Häusern, ist ein weiteres Kennzeichen einer Stadt. Überall finden sich Gebäude, seien es Wohnhäuser und Einkaufszentren, seien es Industrieanlagen, Bahnhöfe oder Bürogebäude. Dazwischen gibt es Straßen und Wege oder Schienenstränge für die Straßenbahnen und die Eisenbahn; sie dienen der Bewältigung des privaten und öffentlichen Verkehrs. In den letzten Jahrzehnten sind viele Städte in Deutschland immer stärker in die Höhe gewachsen. So ist Frankfurt am Main schon von weitem wegen der zahlreichen Hochhäuser zu erkennen, die eine typische Linie am Horizont, die Skyline, bilden.

Bäche und Flüsse gleichen oft Kanälen, die in Betonrinnen durch die Städte fließen. Zwar gibt es vor allem in den Vorstädten und am Stadtrand Kleingartenanlagen, die die dichte Bebauung auflockern. Für die ursprüngliche, unveränderte Natur bleibt jedoch nur wenig Raum.

Millionenstadt (über 1 Mio. Einwohner):
München (1 250 000)

Großstädte (über 100 000 Einwohner):
Ingolstadt (107 000)
Würzburg (127 000)
Augsburg (255 000)
Nürnberg (487 000)

Mittelstädte (20 000 bis 100 000 Einwohner):
Kempten (62 000)
Rosenheim (60 000)
Passau (50 000)
Coburg (43 000)

Kleinstädte (bis 20 000 Einwohner):
Dillingen (18 000)
Vilshofen (17 000)
Immenstadt (14 000)
Hammelburg (13 000)

M1 *Städte in Bayern (Auswahl; Einwohnerzahlen 2002, gerundet)*

M2 *Ländliche Siedlung*

Städtische Räume in Bayern und Deutschland

Leben in der Stadt

Das Leben in der Stadt unterscheidet sich tiefgreifend vom Leben auf dem Dorf. Städte bieten den Menschen eine Vielzahl von Arbeitsplätzen, sei es in Industrie und Handwerk, sei es in der Verwaltung und im Handel. Die weiterführenden Bildungseinrichtungen, wie Gymnasien, Fachoberschulen und Universitäten, vermitteln den Schülern und Studierenden eine gute Ausbildung und die Möglichkeit sich auf das Berufsleben vorzubereiten.

Fachgeschäfte und Kaufhäuser, Einkaufszentren und Supermärkte stellen die Versorgung der Menschen mit Waren aller Art sicher. Allgemein- und Fachärzte sowie Krankenhäuser kümmern sich um die Gesundheit der Bürger. Banken und Sparkassen, städtische Ämter und Behörden sorgen für einen reibungslosen Ablauf des Geldverkehrs und der Verwaltung.

Städte verfügen häufig über eigene Kraft- und Wasserwerke zur Erzeugung von elektrischem Strom und zur Bereitstellung von Trinkwasser. Die Entsorgung von Müll und Abwasser übernehmen die städtische Müllabfuhr und die Kanalisation, an die große Kläranlagen angeschlossen sind.

Grünanlagen und Parks, Sportzentren und Bäder werden von den Menschen zur Erholung und zur Freizeitgestaltung genutzt. Darüber hinaus bietet eine Vielzahl von Theatern, Kinos, Ausstellungen und Museen Abwechslung vom Alltag.

Andererseits ist das Leben in der Stadt für manche Bewohner anstrengend. Lärm, Abgase und Hektik belasten viele Menschen.

1 Erarbeite aus dem Text sowie den Materialien die Merkmale einer Stadt. Schreibe auf, welche Unterschiede zu deinem Schulort bestehen.

2 a) Erkundige dich im Rathaus nach den Einwohnerzahlen deines Schulortes seit 1950.
b) Stelle das Ergebnis in einem geeigneten Diagramm dar.

3 a) Bestimme Groß-, Mittel- und Kleinstädte in der Umgebung deines Wohnortes.
b) Ordne diese Städte den entsprechenden Regierungsbezirken zu.

M3 *Die Großstadt Frankfurt am Main (Blick auf die Stadtmitte)*

Stadtentstehung und Stadtentwicklung

Stadtgründungen in Deutschland

In einem Reiseführer heißt es: „Während Augsburg bereits vor über 2000 Jahren gegründet wurde, geht die erste urkundliche Erwähnung Münchens auf das Jahr 1158 zurück".

Die ersten Städte in Germanien nördlich der Alpen wurden um Christi Geburt von den Römern angelegt. Im Zuge der Ausdehnung des Römischen Reiches gründete man militärische Stützpunkte wie zum Beispiel Castra Regina (das heutige Regensburg) oder eben Augusta Vindelicorum (Augsburg) um die Nordgrenze des Reiches gegen die oft kriegerischen Germanen zu sichern.

Die nächste Welle von Stadtgründungen setzte im hohen Mittelalter zwischen dem 11. und dem 13. Jahrhundert ein. Mit dem Aufschwung von Handwerk und Handel entstanden an den Kreuzungen wichtiger Fernhandelsstraßen und an Flussübergängen Siedlungen. Sie gewährten den Reisenden Unterkunft, Verpflegung und Schutz. Hierfür erhielten sie von den Landesherren, den Fürsten und Bischöfen, das Markt- und Stadtrecht, durften Zölle erheben und schließlich Befestigungsanlagen bauen. Diese Stadtmauern sind heute noch in vielen mittelalterlichen Städten wie zum Beispiel Nürnberg erhalten.

Erst im 19. Jahrhundert kam es aufgrund des Bevölkerungswachstums zu einer Ausdehnung der Städte über diese Mauerringe hinaus. Vor den Mauern, die häufig „geschleift", also eingerissen wurden, errichtete man neue Stadtviertel und Industriegebiete. Die Max- und die Ludwigsvorstadt in München sind Beispiele dafür. Darüber hinaus wuchsen auch viele dörfliche Siedlungen zu größeren Städten, in denen die Landbevölkerung Wohn- und Arbeitsplätze fand.

Nach 1900 vergrößerten sich die Städte durch die Eingemeindung vieler Vororte. Hinzu kamen Gewerbegebiete und Neubausiedlungen, sodass sich die Städte immer weiter in ihr Umland ausdehnten.

M1 *Lage von Regensburg in Bayern*

M2 *Ehemaliges Nordtor des Römerkastells in Regensburg*

M3 *Steinerne Brücke aus dem Mittelalter in Regensburg*

Städtische Räume in Bayern und Deutschland

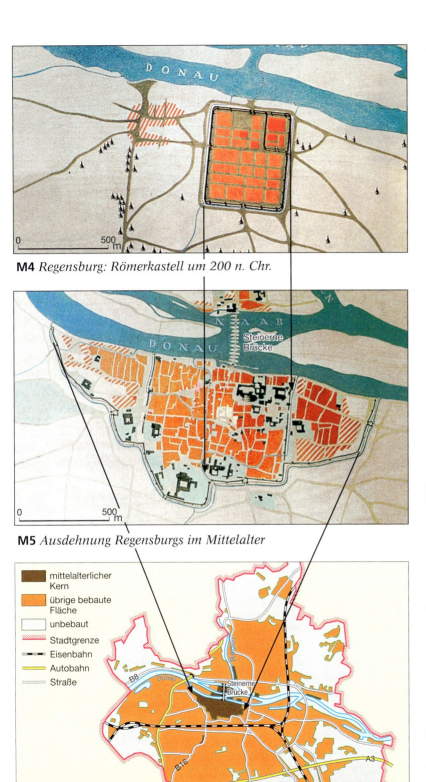

M4 *Regensburg: Römerkastell um 200 n. Chr.*

M5 *Ausdehnung Regensburgs im Mittelalter*

M6 *Regensburg heute*

1 Bestimme mithilfe der Maßstabsleisten die Ausdehnung der Stadt Regensburg in der Römerzeit (M4), im Mittelalter (M5) und heute (M6).

2 Berichte über die Geschichte deines Wohnortes. Informiere dich dazu zum Beispiel beim Heimatpfleger oder beim Verein für Stadtgeschichte. Suche auch im Internet.

3 Bestimme die Lage des Nordtores (M2) und der Steinernen Brücke (M3) in Regensburg in den Karten M4 – M6.

4 Erläutere, in welcher Lage im Mittelalter Siedlungen bevorzugt gegründet wurden.

Stadtviertel und ihre Nutzung

Die City

Wenn jemand „in die Stadt" fährt, so meint er in der Regel die Innenstadt, die so genannte **City**. Sie entspricht oft dem ältesten Teil der Stadt, der Altstadt mit ihren engen, verwinkelten Gassen und kleinen Plätzen. Im Zentrum der City liegen meist das Rathaus und die Hauptkirche, aber auch zahlreiche Kaufhäuser und Fachgeschäfte mit einem reichhaltigen Angebot an Waren. Während die Einheimischen die City aufsuchen um in Geschäften Besorgungen zu machen, auf Ämtern vorzusprechen oder Arzttermine wahrzunehmen, besichtigen Touristen die historischen Sehenswürdigkeiten oder die Museen der Stadt.

Zur Entlastung des Stadtzentrums vom Autoverkehr hat man in den meisten Städten Fußgängerzonen ausgewiesen. Der Lieferverkehr darf nur in den frühen Morgenstunden die Geschäfte anfahren. Tagsüber aber können die Fußgänger gefahrlos auf den Straßen spazieren gehen, die Auslagen in den Schaufenster ansehen oder in den zahlreichen Restaurants und Straßencafés eine Pause beim Stadtbummel einlegen.

Die Wohn- und Gewerbeviertel

Verlässt man den Bereich der City, so gelangt man in die Wohnviertel der Städter. Diese Vorstädte vor den ehemaligen Stadtmauern bieten Tausenden von Menschen Wohnraum in meist schon etwas älteren, mehrstöckigen Häusern. Allerdings befinden sich hier oft auch Industrie- und Gewerbebetriebe. In München zum Beispiel haben einige große Brauereien in diesen Vierteln ihren Platz. Man versucht diese Betriebe aufgrund der Umweltbelastungen, die von ihnen ausgehen, an den Stadtrand zu verlagern. So wird in den alten Wohnvierteln mehr Lebensqualität geschaffen. Aber auch einige wenige Parks und begrünte Plätze geben den Bewohnern Raum für Erholung und Freizeitgestaltung.

Die Vororte

Je weiter man sich vom Stadtzentrum entfernt, desto lockerer wird die Bebauung. In den Vororten finden sich, neben den Zentren der früher selbstständigen Gemeinden, Ein- und Mehrfamilienhäuser mit Gärten.

Beiderseits der Hauptverkehrsstraßen hat man in den letzten Jahrzehnten immer mehr Supermärkte und Einkaufszentren sowie große Parkplätze angelegt. Viele Menschen kaufen hier die benötigten Waren wie Lebensmittel, Bekleidung oder Mitnahmemöbel, weil die Anfahrt mit dem Auto bequem und praktisch ist.

Am Stadtrand haben die städtischen Verwaltungen einige neu erschlossene Gebiete ausschließlich für die Ansiedlung von Industrie- und Gewerbebetrieben ausgewiesen. Diese liegen meist in der Nähe von Autobahnausfahrten, sodass der Lkw-Verkehr nicht durch Wohngebiete führt. Vor dreißig bis vierzig Jahren wurden am Stadtrand auch so genannte Trabantenstädte errichtet. Hier haben vor allem in Hochhäusern Zehntausende von Bürgern eine neue, moderne Wohnung gefunden.

M1 *Fußgängerzone in der City*

1 Nenne die Einrichtungen, die vor allem in der City zu finden sind.

2 Erkläre die Gründe für die Einrichtung von Fußgängerzonen in der City.

3 Wohnen in der Stadt. Beschreibe die Möglichkeiten und erläutere, wo du am liebsten wohnen würdest.

4 Beschreibe die unterschiedliche Lage von alten und neuen Gewerbegebieten in einer Großstadt.

5 Beschreibe die Lage und Nutzung so genannter Trabantenstädte.

Städtische Räume in Bayern und Deutschland

M2 *Wohnstraße in der Vorstadt*

M3 *Wohnviertel im Vorort*

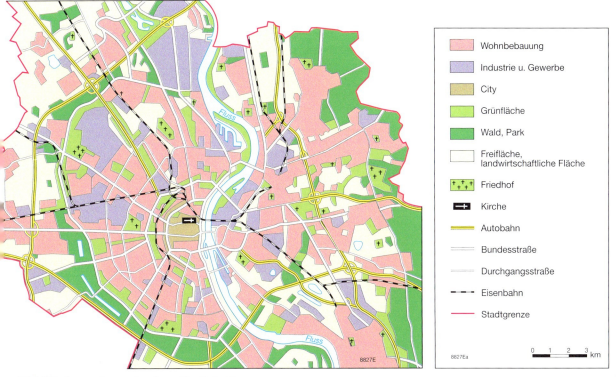

M4 *Flächennutzung in einer Großstadt*

Legende:
- Wohnbebauung
- Industrie u. Gewerbe
- City
- Grünfläche
- Wald, Park
- Freifläche, landwirtschaftliche Fläche
- Friedhof
- Kirche
- Autobahn
- Bundesstraße
- Durchgangsstraße
- Eisenbahn
- Stadtgrenze

M5 *Gewerbegebiet*

M6 *Erholungsgebiet*

Info

Nutzungskartierung

Eine Nutzungskartierung ist eine Zeichnung. Sie zeigt, wie die einzelnen Stockwerke der Häuser in einer Straße genutzt werden, zum Beispiel als Geschäfte, Büros oder Wohnungen.
Mithilfe einer Nutzungskartierung können Geschäftsstraßen und Wohnstraßen unterschieden werden.

Unterschiedliche Stadtviertel erkunden

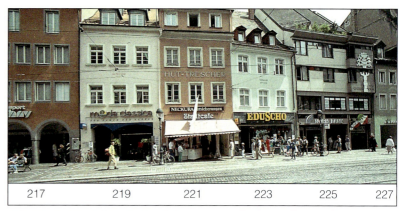

M1 *Geschäftsstraße (Teilansicht)*

So erstellst du eine Nutzungskartierung:

1. Auswahl des Untersuchungsgebietes (M1)
Wähle mithilfe des Stadtplans eine Geschäftsstraße aus, die du ganz oder teilweise kartieren willst. Fotografiere den Straßenabschnitt.

2. Kartierungsvorlage zeichnen (M2)
Ermittle durch Abschreiten der Häuserfronten deren Breite, die du in ein kariertes Blatt einträgst. Zehn Meter Hausbreite entsprechen 1 cm (2 Kästchen). Du zeichnest auch die Stockwerke ein; hier entspricht ein Stockwerk 5 mm (1 Kästchen). Erstelle eine Legende.

3. Die Nutzungen kartieren
Du gehst von Haus zu Haus und notierst mithilfe deiner Legende, wie in den Häusern die einzelnen Stockwerken genutzt werden. Türschilder und Reklameflächen helfen dir beim Erkennen.

4. Die Ergebnisse darstellen
Fertige eine „Reinzeichnung" an. Bei Unklarheiten hilft das Foto.

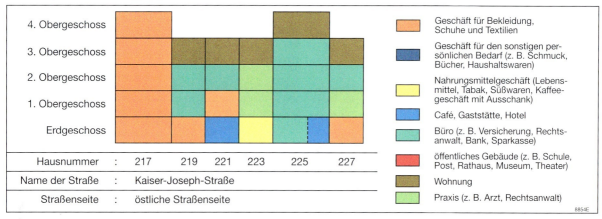

M2 *Nutzungskartierung einer Geschäftsstraße*

GEO-METHODE • GEO-METHODE

So erkundest du Wohnviertel:

1. Vorbereitung der Erkundung
Wähle mit deinen Klassenkameraden mithilfe des Stadtplans zwei oder mehr unterschiedliche Wohnviertel aus, die gut zu erreichen sind. Ihr könnt auch Viertel erkunden, in denen ihr wohnt.

2. Fragen für die Erkundung
Erstelle mit der Klasse einen Untersuchungsbogen. Beispiele für Fragen:
a) Welche Wohnhausformen herrschen vor? Wie viele Stockwerke haben die Häuser?
b) Wie groß sind die Grundstücke und wie sind sie gestaltet?
c) Sind die Straße breit? Gibt es Verkehrslärm?
d) Welche Geschäfte zur Versorgung der dortigen Bevölkerung gibt es? Wo liegen sie? Welche Geschäfte fehlen deiner Meinung nach?
e) Wie erreicht man die City?
f) Wie weit ist es zur nächsten Grundschule, zum nächsten Gymnasium?
g) Welche Freizeitangebote findet man?

3. Durchführung der Erkundung
Beim Abgehen des Wohnviertels mache dir Notizen. Interviewe Leute, die in dem Gebiet leben, oder beschreibe deine eigenen Erfahrungen. Fotografiere auch typische Gebäude und Straßen.

4. Präsentation der Ergebnisse
Verfasse einen kleinen Bericht und klebe dazu die Fotos. Eventuell kannst du ihn in der Schülerzeitung veröffentlichen.

Arbeitsmittel
- Fotoapparat
- feste Schreibunterlage
- Block
- Bleistift
- Buntstifte
- Stadtplan

„Die Straße ist nicht breit, Autos fahren hier nur selten. Die Häuser sind ein- bis zweistöckig und haben alle einen Garten. Der Blücherpark ist nicht weit. Zum Hallenbad sind es nur zehn Minuten mit dem Fahrrad.
Um in die City zu kommen muss man eine Viertelstunde bis zur nächsten Bushaltestelle gehen.
Es gibt kaum Geschäfte zum Einkaufen, nur einen kleinen Supermarkt."

M3 *Auszug aus dem Bericht zum Wohngebiet Kleistweg*

„Meine Eltern und ich wohnen schon seit elf Jahren in einem Altbau im vierten Stock. Es gibt keinen Aufzug. Die Wohnungen des Hauses sind von türkischen Familien bewohnt.
Zur Straße hin ist es sehr laut. Regelmäßig alle fünf Minuten fährt eine Straßenbahn vorbei. In 15 Minuten ist sie in der City. Spielen darf man hier nicht, es ist zu gefährlich. Alle Geschäfte sind in der Nähe."

M4 *Auszug aus dem Bericht zum eigenen Wohngebiet Goethestraße*

Info

Räumliche Mobilität
Die tägliche Fahrt zur Schule, die Urlaubsreise, aber auch der Umzug von einer Stadt in die andere bedeuten, dass man sich im Raum bewegt. Dies nennt man räumliche Mobilität.

Mobilität in der Stadt

ABFAHRTZEITEN						LINIE 1			
Haltestelle Dolomitenstraße							Richtung Domplatz		
Std.	Montag - Freitag					Samstag		Sonntag	
5		17	36						
6		17	36		56		28		
7	07	17		37	47	57	3	23	43	
8	07	17	27	37	47	57	3	23	43	20
9	07	17	27	37	47	57	3	23	43	24
10	07	17	27	37	47	57	3	23	43	
11	07	17	27	37	47	57	3	23	43	
12	07	17	27	37	47	57	3	23	43	47
13	07	17	27	37	47	57	3	23	43	47
14	07	17	27	37	47	57	3	23	43	
15	07	17	27	37	47	57	3		33	24
16	07	17	27	37	47	57	3		33	24
17	07	17	27	37	47	57	12			
18	07	17	27	37	47	57	12			
19	07	17	27	37	47	57	18		48	05
20	07	17	27			59	18		48	
21			29			59	18		48	
22			29			59	18			
23			29			59	18			
0			29				18			

Weitere Haltestellen:
Sandgasse
Nordgaustraße
Weißenburgstraße
Dachauplatz
Fischmarkt
Arnulfplatz
Taxisstraße
Lessingstraße

M1 *Auszug aus einem Busfahrplan*

1 a) Listet die Verkehrsmittel auf, die ihr in der Klasse auf dem Schulweg benutzt.
b) Zeichne das Ergebnis in Form eines Diagramms wie in M5 in dein Heft.

2 Untersuche, wie gut deine Wohngegend mit dem ÖPNV erreichbar ist.

3 Miss die Zeit, die du für den Weg in das nächstgelegene Einkaufszentrum brauchst: zu Fuß, mit dem Rad, mit dem Auto, mit dem ÖPNV.

Öffentlicher Personennahverkehr

Die Bewohner der Städte legen täglich viele Wege zurück. Sie fahren zum Beispiel zur Arbeit, gehen zum Bäcker, suchen ein Schwimmbad auf. Zur Bewältigung dieser Verkehrsströme haben die Stadtverwaltungen den **Öffentlichen Personennahverkehr (ÖPNV)** ausgebaut. So kann man alle wichtigen Orte einer Stadt schnell und kostengünstig mit öffentlichen Verkehrsmitteln erreichen. Dazu zählen Busse, Straßenbahnen, U- (Untergrund-), und S (Schnell)-Bahnen.

Mit den U- und S-Bahnen der großen Städte können gleichzeitig Hunderte von Menschen auf Schienenwegen unabhängig vom Straßenverkehr befördert werden.

Umsteigemöglichkeiten an den Schnittpunkten der einzelnen Linien sorgen dafür, dass die verschiedenen Stadtteile erreichbar sind.

Die Stadtverwaltung Münster organisierte im August 1990 einen eindrucksvollen Vergleich: 60 Pkws demonstrierten auf dem Prinzipalmarkt ihren Straßen- bzw. Parkraumbedarf.
Die 72 Insassen (im Berufsverkehr ist jeder Pkw durchschnittlich mit 1,2 Personen besetzt) würden in einem einzigen Bus der Stadtwerke Platz finden.

M2 *Flächenbedarf von Pkw und Bus im Vergleich*

Städtische Räume in Bayern und Deutschland

M3 *Verkehrsstau*

M5 *Verkehrsmittel zur Arbeit*

Individualverkehr und Verkehrsprobleme

Allerdings sind nicht alle Stadtteile gleichmäßig vom ÖPNV erschlossen. Der ÖPVN vermindert zwar den **Individualverkehr** mit dem eigenen Auto, macht ihn aber nicht gänzlich überflüssig. Auch aus Bequemlichkeit fahren viele Menschen mit dem Pkw und tragen so durch Abgase und Lärm zur Belastung der Umwelt bei. Insbesondere in der Rushhour, wenn die Bürger zur Arbeit und wieder nach Hause fahren, wird der Straßenverkehr so dicht, dass Verkehrsstaus auftreten können.

Zur Lösung dieser Probleme haben die Städte an wichtigen Bus- und Bahn-Stationen Großparkplätze geschaffen, auf denen man das Auto abstellen und mit dem ÖPNV in die Stadt fahren kann.

Die Bewältigung innerstädtischer Wege zu Fuß oder mit dem Fahrrad ist die umweltfreundlichste Fortbewegungsart.

M4 *Leitsysteme für den städtischen Verkehr*

4 a) Nenne die Zeiten am Tag, in denen Situationen wie in M3 auftreten.
b) Zähle Maßnahmen auf, die dies verhindern können.

5 Öffentlicher Personennahverkehr und Individualverkehr: Liste Vor- und Nachteile auf.

Wir führen eine Verkehrszählung durch

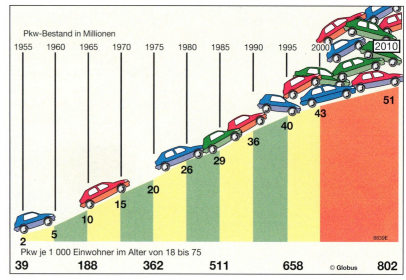

M2 *Entwicklung des Pkw-Bestandes in Deutschland*

Die Verkehrssituation im Bereich eurer Schule

Die Zahl der Fahrzeuge und der Straßenverkehr nehmen in Deutschland von Jahr zu Jahr zu. Wie sieht die Situation an eurem Schulort aus? Sicher gibt es dort auch viel befahrene und gefährliche Hauptstraßen und ruhige Seitenstraßen, die meist ein geringeres Unfallrisiko besitzen.

Mit einer Zählung der vorbeifahrenden Fahrzeuge könnt ihr aktuelle Zahlen zum Verkehrsaufkommen direkt vor der Schule erheben. Achtet bei eurem Erhebungsbogen darauf, dass ihr zwischen verschiedenen Fahrzeugen wie etwa Pkw, Bus oder Lastwagen unterscheidet und auch Fahrräder, Mofas und Motorräder berücksichtigt. Wenn ihr die Verkehrszählung vor eurer Schule durchführt, müsst ihr einige wichtige Regeln beachten. So ist es strikt verboten, zu nahe an der Straße zu stehen oder auf die Straße zu laufen.

Folgende *10 Sicherheitsregeln* müsst ihr vor der Durchführung der Verkehrszählung mit eurer Lehrkraft besprechen:

1. Legt die Standorte für die einzelnen Gruppen so fest, dass diese ausreichend Platz und Sicherheit bieten!
2. Achtet auf mögliche Gefahren!
3. Haltet genügend Abstand vom Fahrbahnrand!
4. Weder der Autoverkehr noch Radfahrer oder Fußgänger dürfen behindert werden!
5. Verlasst unter keinen Umständen den zugewiesenen Standort!
6. Bleibt stets in Ruf- und Sichtweite eurer Lehrkraft!
7. Konzentriert euch auf eure Aufgabe! Gehsteig und Straße sind als Spielplatz viel zu gefährlich!
8. Falls ihr zusammen mit eurer Lehrkraft eine Straße überqueren müsst, so benutzt einen sicheren Übergang (Ampel, Zebrastreifen)!
9. Überquert die Fahrbahn niemals einzeln, sondern in der Gruppe! Dabei gilt: erst links, dann rechts und schließlich wieder links schauen!
10. Haltet euch immer an die bekannten Verkehrsregeln! Nur durch ein umsichtiges Verhalten könnt ihr für euch und andere Sicherheit im Straßenverkehr erreichen!

M1

Erkundungen

Diese Dinge könnt ihr erkunden:

- Zählt Autos und Fahrzeuginsassen zu bestimmten Tageszeiten.
- Fotografiert den Autoverkehr einer Ortsdurchfahrt zu bestimmten Zeitpunkten.
- Dreht einen Videofilm von gefährlichen Verkehrspunkten (Kreuzung, Schulweg).

Befragungen

Diese Personen könnt ihr befragen:

- Privatpersonen wie zum Beispiel Anwohner einer besonders verkehrsreichen Straße, Pendler an Haltestellen oder auf Park-and-Ride-Plätzen, Kundinnen und Kunden am Supermarkt (zum Beispiel woher sie kommen, wie oft pro Woche sie ein bestimmtes Verkehrsmittel benutzen)
- Bürgermeister (zum Beispiel zur Verkehrsbelastung am Ort, zum ÖPNV).

M3 *Methoden im Rahmen eines Verkehrsprojekts*

BLICK IN DEN HEIMATRAUM

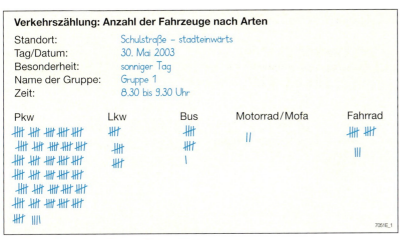

M4 *Beispiel für einen Erhebungsbogen (Fahrzeugarten)*

M5 *Verkehrszählung vor der Schule*

Verkehrszählung: Anzahl der Fahrzeuginsassen in Pkws

Standort: Schulstraße – stadteinwärts
Tag/Datum: 30. Mai 2003
Besonderheit: sonniger Tag
Name der Gruppe: Gruppe 2
Zeit: 8.30 bis 9.30 Uhr

Zahl der Insassen	Zahl der Pkws
1	﷽﷽﷽﷽﷽﷽﷽﷽﷽﷽﷽﷽﷽﷽﷽﷽﷽﷽﷽﷽﷽﷽﷽
2	﷽﷽﷽﷽﷽﷽﷽
3	IIII
4	III

M6 *Beispiel für einen Erhebungsbogen (Fahrzeuginsassen)*

So geht ihr vor:

Vorbereitung

- Bestimmen der Standorte für die Verkehrszählung. Berücksichtigt dabei, dass ihr immer in Ruf- und Sichtweite eurer Lehrkraft seid, z.B. auf beiden Seiten einer Hauptverkehrsstraße oder an einer Kreuzung.
- Bilden von Kleingruppen:
Gruppe 1: Zahl der Fahrzeuge nach Arten – stadteinwärts,
Gruppe 2: Zahl der Fahrzeuginsassen in Pkws – stadteinwärts,
Gruppe 3: Zahl der Fahrzeuge nach Arten – stadtauswärts,
Gruppe 4: Zahl der Fahrzeuginsassen in Pkws – stadtauswärts.
- Festsetzen des Erhebungszeitraums: Von wann bis wann soll gezählt werden?
- Festlegen der Art der Erhebung und Abstimmung von Erhebungsbögen der einzelnen Gruppen aufeinander.
- Besprechen der *10 Sicherheitsregeln* bei der Verkehrszählung.

Durchführung

- Was ist mitzunehmen (Schreibunterlage, Stifte, Uhr, Erhebungsbogen)?
- Auswertung der Erhebungsbögen: Zahlenmaterial aufbereiten, vielleicht Auswertung mit dem Computer.
- Umsetzung in Schaubilder, zum Beispiel Karten, Tabellen, Säulendiagramme.

Präsentation

Darstellung des Gesamtergebnisses durch

- eine Wandzeitung,
- eine Ausstellung in der Schule,
- einen Artikel in der Lokalzeitung,
- Zeichnung einer Radwegekarte für den Schulweg.

M7 *Durchführung und Präsentation des Projekts*

M1 *Lage von München in Bayern*

Landeshauptstadt München

Bildung und Kultur

Fast 100 000 junge Menschen studieren an den Hochschulen der bayerischen Landeshauptstadt München. Die Universitäten und Forschungseinrichtungen sind international bekannt und haben einen sehr guten Ruf. Besonders attraktiv ist das große und breitgefächerte kulturelle Angebot in der Stadt. Die neuesten Kinofilme, zahlreiche Konzertveranstaltungen und interessante Ausstellungen stehen auf dem Programm. Zudem hat das Publikum die Wahl zwischen über 70 Theatern und mehr als 50 Museen – darunter auch das berühmte Deutsche Museum. Schon im Hof des Museums können die Besucher einen Senkrechtstarter, eine Windmühle und ein japanisches Haus besichtigen. Mit seiner Ausstellung zu den Themen Luft- und Raumfahrt, Physik, Astronomie und Bergbau ist das Deutsche Museum das größte technisch-naturwissenschaftliche Museum der Welt. Ein Planetarium und das Imax-Kino im benachbarten Forum der Technik runden das Programm ab.

Info

Landeshauptstadt
In der Landeshauptstadt haben die Regierung und das Parlament ihren Sitz.
Die Regierung besteht aus dem Ministerpräsidenten und seinen Ministern.
Das Parlament, das auch Landtag genannt wird, ist für die Gesetzgebung zuständig.
Die Landeshauptstadt ist meist auch die größte Stadt und das wirtschaftliche und kulturelle Zentrum eines Landes der Bundesrepublik.

M2 *Das Maximilianeum – der Sitz des Bayerischen Landtags*

Erholung in der Stadt

München verfügt über eine große Zahl innerstädtischer Erholungsgebiete, die dank des gut ausgebauten Verkehrsnetzes bequem mit U- und S-Bahn, Bus oder Straßenbahn zu erreichen sind. Ob im Englischen Garten, Nymphenburger Schlosspark, Botanischen Garten, Tierpark Hellabrunn oder in den Isarauen – überall suchen die Münchner Ruhe und Erholung oder treiben Sport. Durch die günstige Lage der Stadt in Süddeutschland sind auch etwas weiter entfernte Erholungsgebiete schnell und bequem erreichbar. Zum nahegelegenen Starnberger See und Ammersee verkehren regelmäßig S-Bahnen und auch Ziele in den Alpen, zum Beispiel die Skigebiete, liegen nur eine Autostunde von München entfernt.

1 Nenne Gründe, weshalb München für Touristen attraktiv ist (Text, M5).

2 Erstelle mithilfe der Informationen unter der Internet-Adresse *www.muenchen.de* einen Steckbrief von München und berücksichtige dabei folgende Punkte: Stadtgeschichte, Sehenswürdigkeiten und Freizeitangebote.

Städtische Räume in Bayern und Deutschland

M3 *Das Olympiazentrum*

www
www.muenchen.de
www.deutsches-museum.de

3 Informiere dich anhand der Homepage des Deutschen Museums darüber, was es dort in den Ausstellungsräumen zu den Themen „Bergbau" und „Astronomie" zu sehen gibt.

Mit dem Olympiapark besitzt München ein 3 km² großes Freizeitgelände, das der Größe von mehr als 400 Fußballfeldern entspricht. Ein Zeltdach überspannt die Schwimmhalle, die Olympiahalle und das Olympiastadion. Neben großen internationalen Sportveranstaltungen finden auf dem Gelände auch Popkonzerte statt, denn allein die Olympiahalle bietet etwa 14 000 Zuschauern Platz. Für die Fußballweltmeisterschaft 2006 erhält München ein neues Stadion, das als die modernste Fußballarena Deutschlands gilt. Darüber hinaus gibt es in München neben Sportplätzen, Hallen- und Freibädern Golfplätze und drei Kunsteisbahnen.

M4 *Im Deutschen Museum*

M5 *Kulturelle Angebote*

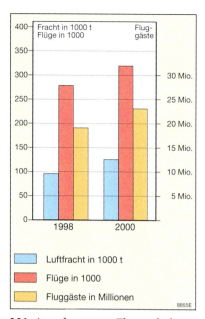

M1 *Angaben zum Flugverkehr am Münchner Flughafen*

München als Wirtschaftsstandort

Vor allem in der zweiten Hälfte des 20. Jahrhunderts wurde München zu einem bedeutenden Standort der Industrie. Dort entstanden moderne Betriebe der optischen Industrie, der Elektrotechnik, der Automobilindustrie und des Maschinenbaus. Von großer Bedeutung sind heute vor allem die vielen Arbeitsplätze in den zukunftsträchtigen Bereichen Mikroelektronik und Informationstechnologie. Rund 8000 Unternehmen dieser so genannten **High-Tech-Industrie** entwickeln und produzieren ihre Artikel wie zum Beispiel Computerprogramme oder Mikrochips für Handys in München. Die Stadt ist damit zu einem wichtigen und international bedeutenden Zentrum der Mikroelektronik geworden.

Immer neue Unternehmen aus dem In- und Ausland lassen sich in München nieder. Gründe dafür sind die zentrale Lage in Süddeutschland und die gute Anbindung an Autobahnen, das Schienennetz und den internationalen Flugverkehr. Außerdem verfügt die Stadt wegen ihres großen Angebots an Universitäten, Fachhochschulen und Forschungseinrichtungen auch über viele gut ausgebildete Fachkräfte.

Arbeitsplätze im Dienstleistungsbereich

Heute arbeitet der Großteil der Beschäftigten im **tertiären Sektor** oder Dienstleistungssektor. Dazu gehören Unternehmen, die ihren Kunden vielfältige Dienste anbieten wie die Beratung in einer Bank, die Wartung von Geräten, die Reinigung von Büroräumen, die Ausbildung von Fachpersonal oder die Versorgung von Patienten (siehe Info Seite 93).

München ist ein bedeutendes Verwaltungszentrum und der Sitz vieler wichtiger Organisationen, zum Beispiel vom Europäischen Patentamt, das durch so genannte Patente Erfindungen vor Nachahmungen

1 a) Erkläre, was man unter dem Begriff „tertiärer Sektor" versteht und nenne fünf Berufe des tertiären Sektors.
b) Erläutere, inwiefern die Bilder M1 – M3 zum Begriff „tertiärer Sektor" passen.

2 Zeige auf, dass München als Verkehrsdrehscheibe in Süddeutschland gelten kann (Atlas, Karte: Deutschland – physisch).

3 Beschreibe die Entwicklung des Flugverkehrs am Flughafen München (M1).

M2 *BMW-Zentrale mit Produktionsstätten im Hintergrund*

Städtische Räume in Bayern und Deutschland

M3 *In den Bavaria-Filmstudios*

Monat	Gäste insgesamt (in 1000)	ausländische Gäste (in 1000)
Januar	191	65
Februar	244	93
März	282	104
April	277	114
Mai	350	141
Juni	344	160
Juli	384	180
August	336	165
September	398	191
Oktober	345	141
November	308	113
Dezember	281	108
gesamt	**3740**	**1575**

M5 *Touristen in München im Jahr 2000*

schützt. Dadurch weist die Stadt zahlreiche hochqualifizierte Arbeitsplätze auf. Große Banken und Versicherungen haben hier ihren Hauptsitz und auch der internationale Messestandort München lockt jedes Jahr interessierte Besucher in die Stadt.

München gilt zudem als Medienhauptstadt Deutschlands: Das bedeutet, dass sich hier die meisten Buchverlage Deutschlands und die Sendezentralen zahlreicher Radio- und Fernsehsender befinden. Allein 400 Münchner Unternehmen sind in der Filmbranche tätig und gehören – wie etwa die Bavaria-Filmstudios – zur Spitze der Filmindustrie.

Bedeutung des Tourismus

Pro Jahr besuchen fast vier Millionen Touristen die Stadt München. Sie kommen hauptsächlich aus den USA, Großbritannien und Italien und besichtigen die bekanntesten Attraktionen der Stadt. Dazu zählt auch das Oktoberfest, das zwei Wochen lang auf der Theresienwiese gefeiert wird und am ersten Sonntag im Oktober endet. Viele der Touristen besuchen die Stadt jedoch nur auf der Durchreise und bleiben im Durchschnitt kaum länger als zwei Tage in München.

Februar:	ISPO-Winter: Internationale Fachmesse für Sportartikel und Sportmode
März:	Internationale Handwerksmesse
April:	Internationale Fachmesse für Farbe und Gestaltung
Juni:	Eltec: Fachmesse für Elektrotechnik
August:	ISPO-Sommer: Internationale Fachmesse für Sportartikel und Sportmode
Oktober:	Systems: Internationale Fachmesse für Informationstechnik, Telekommunikation und Neue Medien
November:	Heim und Handwerk

M4 *Ausschnitt aus dem Messekalender 2002*

4 a) Erläutere, weshalb die Zahl der Touristen, die München besuchen, im September am höchsten ist (M5).
b) Zeichne anhand der Zahlen in M5 ein Säulendiagramm.
c) Vergleiche den Tourismus in München mit dem im ländlichen Raum (Seite 89) und nenne Unterschiede.

5 Nenne Beispiele für Produkte der Mikroelektronik, die im Alltag Verwendung finden.

Industrieller Wandel in Nürnberg

Voraussetzungen für die industrielle Entwicklung

Nürnberg war schon im Mittelalter ein Zentrum der Warenproduktion und des Handels. Der Grund dafür waren günstige **Standortfaktoren**. Dazu zählten die Lage im Schnittpunkt verschiedener Handelswege, die Nähe zu Rohstoffen wie zum Beispiel dem Eisenerz aus der Oberpfalz und die Entwicklung handwerklicher Spitzenleistungen. Auf dieser Grundlage wurden im 19. Jahrhundert Industriebetriebe geschaffen, die meist Maschinen einsetzten um Güter preiswert und in großer Stückzahl zu produzieren. Sowohl das Handwerk als auch die Industrie stellen Waren her und gehören damit zum **sekundären Sektor**.

In Nürnberg haben weltbekannte Unternehmen ihren Standort wie etwa Siemens, Bosch und Faber-Castell, die sich auf Verkehrs- und Energietechnik oder Schreibgeräte spezialisiert haben.

Wandel der Standortfaktoren

Einige Industriebetriebe in Nürnberg haben in den letzen Jahren ihre Fertigung teilweise in andere Länder verlagert. Die Unternehmen können dort ihre Produkte preiswerter herstellen, weil die Löhne niedriger als in Deutschland sind. Eine Folge dieser Entwicklung ist, dass es in Nürnberg immer weniger Arbeitsplätze im sekundären Sektor gibt. Deshalb versucht die Stadtverwaltung neue Beschäftigungsmöglichkeiten im tertiären Sektor zu schaffen. Beispiele dafür sind die Ansiedlung neuer Dienstleistungsunternehmen und der weitere Ausbau des Messestandorts Nürnberg mit seiner berühmten Spielwarenmesse.

M1 *Lage von Nürnberg in Bayern*

M2 *Mittelalterliche Handelswege (stark vereinfacht) und heutiges Autobahnnetz*

M3 *Bleistiftherstellung früher*

Städtische Räume in Bayern und Deutschland

„Seit 1761 stellt das Familienunternehmen Faber-Castell in Stein, südlichwestlich von Nürnberg, Bleistifte und andere Schreibgeräte her. Die Rohstoffe, die für die Produktion benötigt werden, sind heute noch die gleichen wie damals und wurden immer schon aus dem Ausland eingeführt: Zedernholz aus Kalifornien und Graphit aus Sibirien. Unsere Bleistiftminen bestehen nämlich nicht aus Blei, sondern aus einer Mischung von Ton und Graphit. Je größer dabei der Tonanteil ist, umso härter ist die Mine und umso heller schreibt der Bleistift.

Unser Firmengründer hat es sich damals sicher gut überlegt, als er seinen Betrieb am Ufer der Rednitz aufgebaut hat, denn hier stand die Wasserkraft als Energiequelle zur Verfügung.

Die einzelnen Arbeitsschritte bei der Herstellung haben sich kaum geändert. Zunächst braucht man zwei Holzbrettchen, in die eine so genannte Nut gefräst wird. Anschließend klebt man die Bleistiftmine in die Nut und dann das zweite Brettchen als Deckel oben auf. Zuletzt werden die Brettchen der Länge nach zersägt und so die einzelnen Stifte voneinander getrennt.

Seit Mitte des 20. Jahrhunderts werden in unserer Firma immer mehr Maschinen eingesetzt. Deshalb hat die Zahl der Beschäftigten in Stein abgenommen. Außerdem haben wir heute für unsere Kunden im In- und Ausland ein vielfältigeres Angebot an Produkten zum Zeichnen und Malen. Seit einigen Jahren stellen wir im Auftrag von international bekannten Kosmetikfirmen sogar Lippen- und Lidschattenstifte her.

Neben unserem Stammwerk in Stein, in dem besonders hochwertige Waren produziert werden, haben wir mittlerweile Niederlassungen im Ausland: in Australien, China, Peru, Indonesien, Tschechien, Kolumbien, Indien, Malaysia, Costa Rica und in Brasilien. Unser Werk ist die größte Bleistiftfabrik der Welt."

M4 *Ein leitender Angestellter berichtet über den Industriebetrieb Faber-Castell*

M5 *Vollautomatisierte Bleistiftherstellung heute*

Info

Standortfaktoren
Standortfaktoren sind Gründe, die für oder gegen die Ansiedlung eines Betriebs an einem bestimmten Ort sprechen. Beispiele sind: die Verfügbarkeit von Arbeitskräften, der Ausbildungsstand der Arbeitskräfte, die Entfernung zu Rohstoffen und Absatzmärkten, der Anschluss des Geländes an Autobahnen, Bahnlinien, Flughäfen und Wasserstraßen, das Vorhandensein von Energie und steuerliche Vergünstigungen. Günstige Standortfaktoren nennt man auch Standortvorteile, nachteilige Standortfaktoren bezeichnet man auch als Standortnachteile.

1 a) Nenne die Orte, die im Mittelalter durch Handelswege mit Nürnberg verbunden waren (M2).
b) Vergleiche dein Ergebnis mit dem heutigen Autobahnnetz (M2).

2 Nenne die einzelnen Arbeitsschritte bei der Herstellung von Bleistiften (M4).

3 Stelle die Merkmale eines alten Betriebes und eines hochmodernen Industriebetriebes zusammen (M3, M4, M5).

4 a) Erläutere, welche Standortfaktoren für einen von dir ausgewählten Industriebetrieb an deinem Schulort besonders wichtig sind.
b) Plant die Erkundung eines Industriebetriebes an eurem Schulort.

M1 *Lage von Großmehring in Bayern*

Die Stadt und ihr Umland

Die Stadt breitet sich in das Umland aus

Das Umland ist das Gebiet jenseits der Stadtgrenzen, das meist noch gut mit öffentlichen Verkehrsmitteln erreichbar ist. Dort wohnen viele Menschen, die hierher gezogen sind, weil Mieten und Grundstückspreise günstiger sind als in der Stadt. Zahlreiche Familien mit Kindern schätzen zudem die Nähe zur Natur und die Ruhe, die das Umland bietet. Die Neubaugebiete bestehen oft aus Reihenhäusern oder Einfamilienhäusern und verändern das Erscheinungsbild der Dörfer. Der Ortskern wird dagegen meist noch von der Kirche und den Bauernhöfen mit ihren Ställen und Nebengebäuden geprägt.

Während die Bevölkerungszahl in den Städten abnimmt, bringt der ständige Zuzug von Menschen in die **Gemeinden** im Umland auch eine Ausweitung des Angebots an Einkaufsmöglichkeiten, Ärzten, Apotheken, Banken, Kindergärten und Schulen mit sich. Das Leben im Umland verändert sich. Diese Entwicklung nennt man **Suburbanisierung**.

Die Bedeutung der Stadt für ihr Umland

Die Stadt spielt im Leben der in den Umlandgemeinden wohnenden Menschen eine wichtige Rolle. Da es im Umland kaum Arbeitsplätze in der Industrie und im tertiären Sektor gibt, fährt ein Großteil der Einwohner täglich als **Pendler** in die Stadt um dort zu arbeiten. In der Freizeit nützen viele das Angebot in der Stadt und besuchen Kinos oder Hallenbäder, Museen und Theater oder Kurse an der Volkshochschule. Außerdem sind die Bewohner der Umlandgemeinden oft auf Einrichtungen in der Stadt angewiesen wie Fachgeschäfte, zum Beispiel für Haushaltwaren oder Bekleidung, Fachärzte und Krankenhäuser, weiterführende Schulen und Universitäten. Die Bedeutung der Stadt für ihr Umland nennt man **Zentralität**.

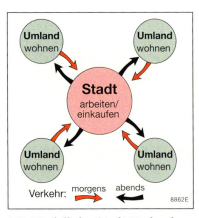

M2 *Modell der Stadt-Umland-Beziehungen*

M3 *Im Ortskern der Umlandgemeinde Großmehring*

Städtische Räume in Bayern und Deutschland

„Großmehring liegt im Osten von Ingolstadt und ist etwa zehn Kilometer von der Stadtgrenze entfernt.

Bis vor fünfzig Jahren hatte jede Großmehringer Familie einen mehr oder weniger großen Bauernhof. In den letzten Jahrzehnten haben sich aber die meisten Landwirte entschieden ihren Hof nur noch im Nebenerwerb zu bewirtschaften oder ihn ganz aufzugeben. Ihren Haupterwerb finden sie heute fast alle in einem der großen Industriebetriebe in Ingolstadt. Über 2000 Einwohner unserer Gemeinde pendeln täglich nach Ingolstadt um dort zu arbeiten. Mit dem Auto sind sie in nur zehn Minuten in der Stadt.

Seit drei Jahren gibt es hier einen Supermarkt und wir haben zwei Allgemeinärzte sowie einen Zahnarzt am Ort, sodass wir nicht für jeden Arztbesuch nach Ingolstadt müssen.

Unsere Kinder und Jugendlichen müssen aber zum Beispiel morgens immer noch mit dem Bus nach Ingolstadt fahren, wenn sie eine weiterführende Schule besuchen wollen.

Das Freizeitangebot ist jedoch seit einigen Jahren deutlich besser geworden und wir haben sogar einen großen Sport- und Bolzplatz mit Halfpipe in unserer Gemeinde."

M4 *Bericht des Bürgermeisters von Großmehring*

Jahr	Einwohnerzahl
1985	3919
1990	4751
1995	5335
2000	6109
2002	6126

M7 *Bevölkerungsentwicklung in Großmehring*

A Ingolstadt-West: Grundstück in zentraler Lage zur Stadtmitte, insgesamt 950 m² zum Preis von 590 Euro pro m².

B Baugrundstück am Ortsrand von Großmehring in ruhiger und idyllischer Umgebung, Supermarkt und Kindergarten sind in der Nähe: 220 Euro pro m².

C Wohnen im Grünen und doch stadtnah! 3-Zi.-Wohnung in Großmehring mit Einbauküche, Parkettboden und mit großem Balkon, 74 m² für 256 Euro ab 1.10. zu vermieten.

D Schöne und sonnige 3-Zi.-Wohnung im Norden Ingolstadts zu vermieten. Bevorzugt an älteres Ehepaar ohne Haustiere. Wohnungsgröße: 76 m², Preis: 470 Euro und Nebenkosten.

M5 *Inserate aus der Ingolstädter Zeitung*

M6 *Am Ortsrand der Umlandgemeinde Großmehring*

1 Nenne Gründe, weshalb viele Stadtbewohner ins Umland ziehen.

2 Erläutere die Grafik M2.

3 Stelle dar, wie sich das Erscheinungsbild von Umlandgemeinden verändert hat (M3, M6).

4 Erkläre, welche Nachteile sich beim Einkaufen für Familien ergeben, die auf dem Land leben, und liste sie auf.

5 Vergleiche anhand einer Tabelle die Einrichtungen und Freizeitangebote von deinem Wohnort mit Großmehring. Beachte dabei die Bereiche Fachärzte, kulturelles Angebot und Freizeitmöglichkeiten.

Info

Naherholung
So nennt man die Zeit der Kurzerholung, die einige Stunden bis zu einem Wochenende umfassen kann. Meist verbringt man diese Zeit in der Nähe des Wohnorts und genießt dabei die landschaftliche Schönheit (Berge, Seen, Wälder) der Umgebung.

Freizeit und Erholung in der Stadt

Vorteile innerstädtischer Erholungsgebiete

Die Freizeit, die den Menschen zur Verfügung steht, hat seit 1950 erheblich zugenommen. Die meisten Leute möchten sie am liebsten damit verbringen, sich ein paar Stunden, einen Nachmittag oder ein ganzes Wochenende lang vom Alltag zu erholen. Wegen der kurzen Anfahrtswege sind deshalb Erholungsgebiete im Umland oder am Stadtrand sehr beliebt. Man bezeichnet sie als **Naherholungsgebiete**, weil sie in der Nähe des Wohnortes liegen und mit dem Auto, dem Fahrrad oder öffentlichen Verkehrsmitteln schnell und bequem zu erreichen sind.

Ein Baggersee in Zentrumsnähe

In Ingolstadt gibt es verschiedene Erholungsangebote für die über 100 000 Einwohner, zum Beispiel Parks, ausgedehnte Radwanderwege in die Umgebung und ein Erlebnisbad.

Ein sehr beliebtes innerstädtisches Naherholungsgebiet ist ein ehemaliger Baggersee, der fast im Zentrum der Stadt liegt. Vor etwa 40 Jahren förderte man hier Kies für Bauarbeiten. Der dabei entstandene See wurde bald trotz Verbots als Badesee benutzt, obwohl es noch keine **Infrastruktur**, das bedeutet Parkplätze und Einrichtungen wie Umkleidekabinen, Toiletten oder Gaststätten, am Seeufer gab.

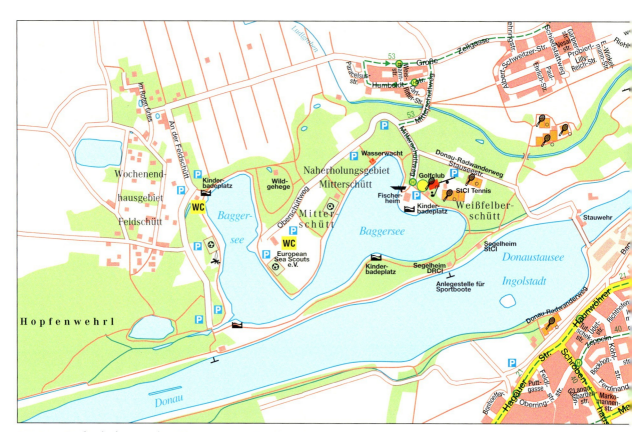

M1 *Das Naherholungsgebiet Baggersee in Ingolstadt*

Städtische Räume in Bayern und Deutschland

Schließlich kaufte die Stadtverwaltung das Gelände und baute es von 1967 an zum Naherholungsgebiet aus. Je mehr Einrichtungen man für Freizeit und Erholung auf dem etwa 200 Hektar großen Gebiet errichtete, umso attraktiver wurde es für die Bevölkerung. Da der Baggersee mit dem Bus, dem Auto oder auf dem Donauradwanderweg gut zu erreichen ist, wird er von immer mehr Ingolstädtern besucht. Die Stadt muss daher ganz besonders auf den Naturschutz achten. Man versucht die Menschen für dieses Ziel zu gewinnen und hat neben einem Tiergehege auch einen Waldlehrpfad eingerichtet, der einen Einblick in die Pflanzen- und Tierwelt rings um den Baggersee bietet.

„Warum sind wir nicht einfach an den Baggersee gefahren?"

M4 *Karikatur*

M2 *Arbeitsstunden in der Industrie in Deutschland*

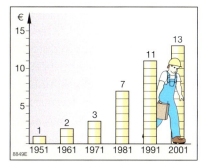

M3 *Stundenlöhne in Deutschland*

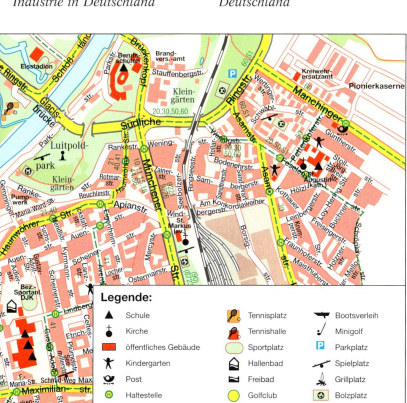

1 Beschreibe M2 und M3 und erläutere anhand der Grafiken die Notwendigkeit von Freizeiteinrichtungen.

2 Nenne die Vorteile, die Naherholungsgebiete den Stadtbewohnern bieten.

3 Zähle Einrichtungen auf, mit denen die Stadt das Naherholungsgebiet Baggersee für die Bevölkerung erschlossen hat (M1).

4 Beschreibe, welche Möglichkeiten es im Winter für die Naherholung am Baggersee gibt.

5 Erstellt in Gruppenarbeit eine Wandzeitung, mit der ihr über ein oder mehrere Naherholungsgebiete an eurem Schulort informiert.

www
www.bund.net
www.naturdetektive.de

Info
Stadtökologie
Die **Stadtökologie** untersucht die Ökosysteme im Lebensraum „Stadt". Da dieser Lebensraum vom Menschen geprägt ist, finden sich dort ganz besondere Wechselwirkungen zwischen den Menschen, Tieren und Pflanzen sowie ihrer Umwelt wie zum Beispiel Klima und Boden.
Ein Ziel der Stadtökologie ist es, durch den Schutz der Umwelt die Lebensbedingungen in der Stadt dauerhaft zu verbessern.

Die Stadt als besonderes Ökosystem

Der Lebensraum Stadt
Schon heute leben 80 von 100 Menschen in Deutschland in Städten und deren Zahl wird auch in Zukunft zunehmen. Gerade in der Stadt sind die vom Menschen verursachten Eingriffe in die Natur besonders deutlich sichtbar. Beispiele dafür sind die dichte Bebauung, der Straßenverkehr mit Lärm und Abgasen, das hohe Müllaufkommen durch private Haushalte und Industrie und die Abwasserbelastung. In den Städten hat der Mensch ein besonderes Ökosystem geschaffen, das im Vergleich zum Umland große Unterschiede aufweist. Dadurch dass es in den Städten ohnehin nur wenig Grünflächen gibt, ist die Belastung der Luft mit Schadstoffen sehr hoch. Folgen davon sind Atemwegserkrankungen wie etwa Bronchitis oder die Zunahme von Allergien. Doch was kann man tun um die Gesundheit der Menschen und die Umwelt zu schützen?

Eine gute Möglichkeit ist, die Städte weiter zu begrünen, denn die Pflanzen filtern einen Teil der Schadstoffe aus der Luft und produzieren zusätzlich Sauerstoff. Außerdem bietet die Bepflanzung anderen Pflanzen und auch Tieren neue Lebensräume und sorgt dafür, dass die Artenvielfalt erhalten bleibt.

Da aber Grundstücke in der Stadt teuer sind, muss man nach anderen Wegen suchen um neue Grünflächen anzulegen. Eine Maßnahme der Stadtökologie ist zum Beispiel die Begrünung von Hausdächern. Je nachdem, wie dick die Bodenschicht ist, können dort nicht nur Gräser, sondern sogar Stauden und kleine Bäume gepflanzt werden. Grasdächer geben Feuchtigkeit ab und kühlen die Häuser im Sommer. Im Winter schützen sie dagegen vor Kälte, sodass auch die Heizkosten geringer sind.

Eine Kräuterspirale auf dem Schulhof
Ihr habt die Möglichkeit mit dem Bau einer Kräuterspirale einen kleinen Beitrag zur ökologischen Umgestaltung eurer direkten Umgebung zu leisten. Eine Kräuterspirale ist eine schneckenförmige Mauer, deren Grundfläche einen Durchmesser von etwa zwei bis drei Metern haben sollte. Sie besitzt einen kleinen Feuchtbereich und enthält verschiedene Bodenarten. Damit bietet sie Platz für Pflanzen, die ganz unterschiedliche Ansprüche an ihre Umgebung stellen. Die Kräuterspirale ist daher ein geeigneter Lebensraum für eine ganze Reihe von Tieren wie etwa Insekten, Eidechsen und Kröten und ein Beispiel für ein kleines, aber funktionierendes Ökosystem.

So geht ihr vor:

Vorbereitung
- Überlegt, ob und an welcher Stelle in eurem Schulhof ein geeigneter sonniger Platz für eine Kräuterspirale vorhanden ist und besprecht euren Plan mit Lehrern und Schulleitung.

Städtische Räume in Bayern und Deutschland

- Entwerft eine Grobplanung des Projekts, in der ihr festlegt, welche Materialien (Natur- oder alte Ziegelsteine, Werkzeug) ihr braucht und welche ungefähren Kosten entstehen.
- Bildet Kleingruppen und tragt euch in eine Liste ein, die festlegt, welche Gruppe wann, was und wo macht.
- Überlegt, ob ihr bei der Ausführung die Hilfe der Eltern in Anspruch nehmt oder euch der Elternbeirat finanziell unterstützt.

Durchführung

- Streut mit Sand auf dem Boden einen Kreis von zwei bis drei Metern Durchmesser. Dieser ist die äußere Begrenzung eurer Kräuterspirale.
- Beginnt im Mittelpunkt der Spirale damit, eine Mauer aufzuschichten. Im Zentrum der Spirale ist sie mit etwa 75 bis 100 cm am höchsten. Anschließend wird sie dort mit einem Gemisch aus Sand und Erde aufgefüllt. Der untere Teil der Spirale wird mit Humus aufgefüllt.
- Am südlichen Ende der Spirale müsst ihr ein ca. 60 cm tiefes Loch für den Teich graben. Legt es mit Teichfolie aus, die über den Rand hinausragt und füllt eine Schicht aus Erde und Sand ein. Deckt den Rand der Folie mit Natursteinen ab und füllt Wasser ein.
- Bei der Auswahl der Pflanzen müsst ihr daran denken, dass es einjährige Kräuter, wie beispielsweise Basilikum und Ringelblume, und mehrjährige Kräuter, etwa Bärlauch und Petersilie, gibt, zwischen denen ihr auswählen könnt.

Präsentation

- Fotografiert die einzelnen Arbeitsschritte und dokumentiert den Bau der Kräuterspirale in einer Wandzeitung.
- Informiert euch über die Kräuter und ihre Heilwirkung und erstellt Steckbriefe, die euren Mitschülern das Aussehen und die Verwendung der Pflanzen zeigen.

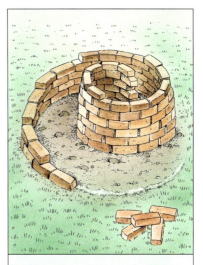

Legende:
1. Brunnenkresse (direkt am Teich)
2. Sauerampfer
3. Minze
4. Schnittlauch
5. Knoblauch
6. Kapuzinerkresse
7. Dill
8. Petersilie
9. Estragon
10. Salbei
11. Majoran
12. Steingartenstaude
13. Lavendel

M1 *Die Kräuterspirale*

Bundeshauptstadt Berlin

Die politische Bedeutung Berlins

Berlin ist seit 1990 wieder die Hauptstadt Deutschlands, die so genannte **Bundeshauptstadt**. Nach der Einwohnerzahl und der Fläche ist sie die größte Stadt der Bundesrepublik Deutschland. Doch das war nicht immer so: Bis zur Wiedervereinigung Deutschlands 1990 war die Stadt durch eine Mauer in einen West- und einen Ostteil geteilt. In beiden Teilen der Stadt entstanden zwei große Zentren: im Westen entlang des Kurfürstendamms, im Osten rund um den Alexanderplatz. Heute wächst Berlin wieder zusammen und ist auf dem Weg zur Weltstadt in der Mitte Europas. Die Stadt ist das politische Zentrum unseres Landes, in dem die Bundesregierung und der Bundestag, ausländische Botschaften, Parteien und Verwaltungsbehörden ihren Sitz haben.

M1 *Lage von Berlin in Deutschland*

M2 *Fläche Berlins im Vergleich zu anderen Großstädten*

- 3 500 000 Einwohner
- 889 km² Fläche
- Nach London, Paris und Rom beliebtestes Reiseziel in Europa
- Über 400 Messen und Kongresse pro Jahr
- 52 Theater
- Fast die Hälfte der Einwohner jünger als 35 Jahre
- Ein Viertel der Gesamtfläche von Seen und Wäldern bedeckt
- Bisher drei Flughäfen; Großflughafen Schönefeld in Planung
- 5300 km Straßennetz
- 969 Brücken

M3 *Steckbrief von Berlin*

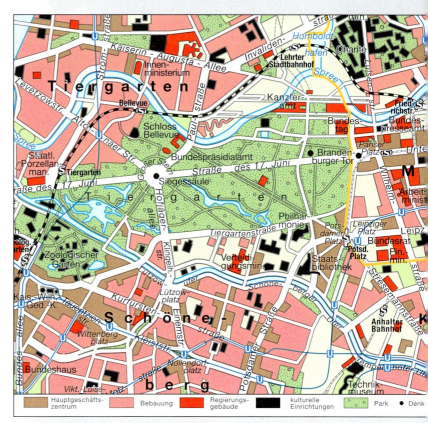

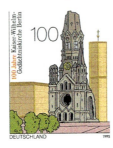

M4 *Stadtplan-Ausschnitt der Innenstadt Berlins (gegenüber dem Umriss der Stadtfläche von Berlin vergrößert)*

Städtische Räume in Bayern und Deutschland

Berlin – Stadt der Rekorde

Berlin ist in verschiedener Hinsicht auch eine Stadt der Rekorde. Hier wurde schon 1902 die erste U-Bahn Deutschlands gebaut, die heute ein Netz von 180 km besitzt. Der Fernsehturm ist mit seinen 368 Metern das höchste Bauwerk Deutschlands. Berlin hat im Vergleich zu anderen deutschen Städten die meisten Wasser- und Grünflächen und sogar mehr Brücken als Venedig.

M5 *Größte Ausländergruppen in Berlin*

Internationale Messen und Veranstaltungen wie die Funkausstellung, die Grüne Woche, die Berlinale oder die Love Parade machen Berlin jedes Jahr zum Anziehungspunkt für rund fünf Millionen Besuchern aus aller Welt.

450 000 Menschen aus 185 Nationen leben auf Dauer in der Stadt. Der gegenseitige Respekt vor den unterschiedlichen Sitten und Bräuchen ist die Voraussetzung dafür, dass im weltoffenen Berlin ein friedliches Zusammenleben möglich ist.

1 Beschreibe die Lage Berlins im europäischen Verkehrsnetz (Atlas).

2 Ordne die Flaggen den Nationalitäten zu (M5, Lexikon) und lege eine Liste über die Ausländergruppen Berlins nach ihrer Größe an.

3 Berlin hat insgesamt 800 km Radwege. Stelle dir vor, diese Radwege würden eine einzige lange Strecke bilden. Suche im Atlas drei Städte, die man dann mit dem Fahrrad von Berlin aus erreichen könnte.

4 Beschreibe anhand der Karte einen Weg durch die Berliner Innenstadt, der an allen Sehenswürdigkeiten vorbeiführt, die auf den Briefmarken zu sehen sind (M4).

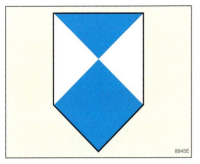

M1 *Symbol für Bauwerke, die unter besonderem Schutz stehen*

Alte Wohnviertel in Berlin

Ende des 19. und Anfang des 20. Jahrhunderts war Berlin nicht nur Hauptstadt des Deutschen Reiches, sondern auch eine Millionenstadt und ein wichtiger Industriestandort. Weil die Bevölkerungszahl damals stark zunahm, entstanden in Berlin viele neue Wohnviertel. Ihr wesentliches Kennzeichen ist die Bebauung mit großen Wohnblocks. Sie haben meist mehrere Hinterhöfe, in denen Handwerksbetriebe und Läden untergebracht waren. Heute sind die Betriebe jedoch von dort verschwunden und meist in Gewerbegebiete umgezogen.

M2 *Wohnviertel, das um die Jahrhundertwende (19./20. Jh.) entstanden ist*

Info

Denkmalschutz
Gesetzlich geregelter Schutz von Gebäuden oder Gegenständen, die für kommende Generationen erhalten werden sollen, weil sie eine besondere historische oder künstlerische Bedeutung haben.

Diese Stadtviertel waren früher sehr modern, entsprechen aber heute nicht mehr unseren Vorstellungen von zeitgemäßem Wohnen. Vor allem im Osten Berlins gibt es zahlreiche Stadtviertel mit geringer Wohnqualität, in denen man nur wenige verkehrsberuhigte Zonen, Grünflächen, Kinderspielplätze oder Freizeiteinrichtungen für Jugendliche findet.

Oft haben die Wohnungen nur eine Ofenheizung. Auch die sanitären Einrichtungen sind unzureichend: Viele Wohnungen besitzen kein Bad und häufig müssen sich mehrere Nachbarn sogar eine gemeinsame Außentoilette auf dem Flur teilen.

Stadterneuerung

Immer mehr Berliner zogen deshalb aus diesen alten Wohnvierteln weg. Es besteht die Gefahr, dass diese nach und nach veröden und die Häuser völlig verfallen.

Die Stadt Berlin möchte die historischen Bauten schützen, für kommende Generationen bewahren und zugleich die Wohnqualität verbessern. Dazu gehört auch, dass wieder wie früher Geschäfte und Gewerbebetriebe in den Wohnvierteln angesiedelt werden, damit die Bevölkerung in der Nähe einkaufen und arbeiten kann.

1 Erläutere die Kennzeichen alter Wohnviertel aus dem 19. Jahrhundert (M2).

2 Vergleiche die beiden Fotos und beschreibe das Wohnhaus vor und nach der Sanierung (M4).

3 Nenne Gründe dafür, dass die Berliner Mauer unter Denkmalschutz steht (M3).

4 Liste denkmalgeschützte Gebäude und Sanierungsgebiete an deinem Schulort auf.

Städtische Räume in Bayern und Deutschland

Seit der Wiedervereinigung renoviert (erneuert) man vor allem Gebäude im Ostteil der Stadt. Dort wurde, als die Stadt geteilt war, kaum Geld für die Instandhaltung der Häuser ausgegeben und viele Gebäude sind deshalb in einem besonders schlechten Zustand.

Maßnahmen des Denkmalschutzes

Um zu verhindern, dass alte Häuser wegen der sehr hohen Renovierungskosten einfach abgerissen und durch Neubauten ersetzt werden, stehen manche der historischen Gebäude unter dem Schutz des Staates und der Stadt Berlin. Die Hausbesitzer bekommen zum Beispiel finanzielle Zuschüsse, wenn sie die Fassaden originalgetreu erneuern. Der Innenausbau darf und soll jedoch an die Bedürfnisse der heutigen Zeit angepasst werden. Diese umfassende Instandsetzung und Modernisierung der Gebäude nennt man **Sanierung**.

Allein im Zeitraum zwischen 1991 und 1999 beteiligte sich die Stadt Berlin an der Renovierung von rund 350 denkmalgeschützten Häusern. Mit dieser Hilfe konnte man etwa 2800 Wohnungen und kleine Gewerbebetriebe sanieren und erreichte so, dass einige Viertel wieder als Wohngebiet attraktiv sind. Im Stadtteil Prenzlauer Berg in Ostberlin wurde zum Beispiel das Fabrikgebäude einer großen Brauerei vor dem Abriss bewahrt. Heute dient es dem ganzen Stadtteil als wichtiges Kulturzentrum mit einer Reihe von Galerien, Kinos und Restaurants.

Sogar Reste der Berliner Mauer mit zahlreichen und inzwischen berühmten Graffitis stehen unter **Denkmalschutz**, damit sie der Stadt auch in Zukunft erhalten bleiben. Die Teilstücke der Berliner Mauer erinnern die Menschen an die jüngste deutsche Geschichte und die Teilung der Stadt.

M4 *Vor und nach der Sanierung*

M3 *Sanierung der Berliner Mauer*

Das Leben ausländischer Mitbürger

Gründe für die Einwanderung

Heute leben in der Bundesrepublik Deutschland mehr als sieben Millionen Ausländer. Mehr als die Hälfte von ihnen wohnt schon länger als zehn Jahre hier, ein Drittel davon sogar mehr als 20 Jahre. Doch welche Gründe gibt es dafür, dass diese Menschen ihre Heimat verlassen um hier zu leben?

Wer in seinem Herkunftsland aus politischen und religiösen Gründen verfolgt wird, kann in der Bundesrepublik Deutschland Schutz und Hilfe finden. Bisher wurden rund eine Million dieser Flüchtlinge bei uns aufgenommen.

Von 1955 bis 1973 warb die Regierung außerdem so genannte Gastarbeiter im Ausland an, weil in Deutschland nicht genügend Arbeitskräfte vorhanden waren. Manche dieser Gastarbeiter holten später ihre Familien nach um auf Dauer in Deutschland zu leben. Viele ihrer Kinder wurden sogar in Deutschland geboren, gehen hier zur Schule und haben deutsche Freunde.

Alltag in Deutschland

Die ausländischen Mitbürger brachten natürlich auch ihre Lebensgewohnheiten mit nach Deutschland: ihre landestypischen Gerichte wie zum Beispiel Pizza oder Döner, ihre Sprache, Kultur und Religion.

Im Laufe der Zeit wurden deshalb Moscheen für die Muslime gebaut, es gibt türkische, italienische und asiatische Lebensmittelgeschäfte, eine Vielzahl von Restaurants, die Spezialitäten aus aller Welt anbieten, und sogar Fernsehsender und Zeitungen in türkischer Sprache.

Ein friedliches Zusammenleben zwischen den unterschiedlichen Kulturen ist aber nur dann möglich, wenn sich alle mit Respekt und Toleranz begegnen. Eine wichtige Rolle spielen dabei das gegenseitige Kennenlernen und der Wunsch nach **Integration** in die neue Umgebung.

Info

Integration

Unter Integration versteht man das langsame Hineinwachsen von ausländischen Mitbürgern in ihre neue Umgebung. Dabei müssen sich sowohl Ausländer als auch Einheimische an die neue Situation anpassen. Die Integration erfordert gegenseitiges Verständnis für die unterschiedliche Sprache, die verschiedenen Lebensgewohnheiten und Religionen. Sie dauert viele Jahre, manchmal sogar Jahrzehnte.

Jahr	Ausländer
1980	4 450 000
1985	4 380 000
1990	5 340 000
1995	7 170 000
2000	7 300 000
2001	7 320 000

M1 *Ausländische Bevölkerung in Deutschland*

1 Nenne Gründe, weshalb ausländische Mitbürger nach Deutschland gekommen sind (M3 – M6).

2 Stelle Maßnahmen zusammen, die die Integration ausländischer Mitbürger in Deutschland fördern können.

3 Erläutere die Grafik (M2).

4 Wandle die Tabelle in ein Säulendiagramm um (M1).

5 Liste Beispiele für ausländische Restaurants und Geschäfte in deinem Schulort auf.

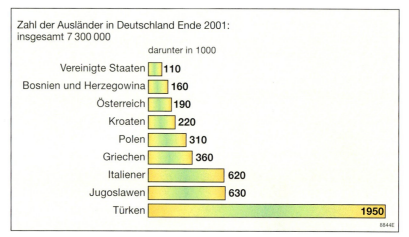

M2 *Staatsangehörigkeit der ausländischen Bevölkerung in Deutschland*

BLICK IN DEN HEIMATRAUM

„Nach meinem Studium zum Ingenieur für Luft- und Raumfahrttechnik bin ich nach Deutschland gekommen, weil es hier mehr Arbeitsplätze in meinem Beruf gibt.
Als Niederländer war es für mich nicht schwer, Deutsch zu lernen. Ich habe mich deshalb sehr schnell hier eingelebt und viele deutsche Freunde gefunden. Die Lebensverhältnisse in Deutschland und in den Niederlanden sind ähnlich, aber mir gefallen das große kulturelle Angebot und die landschaftliche Schönheit hier besser.
Ich möchte auf jeden Fall die nächsten Jahre oder auch noch länger in Deutschland bleiben."

M3 *Marco S.*

„Obwohl ich nun schon seit über 20 Jahren in Deutschland lebe, fahre ich immer wieder gerne in die Türkei um dort meine Familie zu besuchen. Gemeinsam mit meiner Frau habe ich mir in Deutschland ein großes Lebensmittelgeschäft mit vielen türkischen Spezialitäten aufgebaut. Auch viele Deutsche gehören seit Jahren zu meinen Kunden. Weil das Geschäft gut geht, konnten wir sogar neue Arbeitsplätze schaffen und zwei Mitarbeiter einstellen.
In meiner Freizeit spiele ich bei einem türkischen Verein, dem FC Fatic, Fußball. Meine Familie und ich haben hier viele deutsche Freunde gefunden und wir fühlen uns in Deutschland zu Hause. Deshalb setze ich mich auch aktiv dafür ein, dass Vorurteile zwischen Deutschen und Türken weiter abgebaut werden."

M4 *Kemal Ü.*

„Ich fühle mich überhaupt nicht als Ausländerin, denn ich bin hier in Deutschland geboren. Meine Eltern kamen 1970 von einem kleinen Dorf in Kroatien nach München, denn man hatte ihnen hier Arbeit und ein gutes Einkommen versprochen.
Weil beide sehr fleißig und sparsam sind, konnten sie sich schon bald eine größere Wohnung und ein Auto leisten. Wir besuchen jedes Jahr unsere Großeltern und andere Verwandte in Kroatien.
Ich selbst möchte nicht auf Dauer dort leben, obwohl ich die Sprache beherrsche. Hier in Deutschland habe ich nach der Schule eine Ausbildung zur Zahnarzthelferin gemacht und arbeite sehr gerne in meinem Beruf."

M5 *Mariana Z.*

„Ich bin in Amman, der Hauptstadt Jordaniens, geboren und habe dort die Oberschule besucht. Nach dem Abitur wollte ich Medizin studieren und kam 1971 als achtzehnjähriger junger Mann nach Deutschland. Ich musste zunächst Deutsch lernen, bevor ich mich an der Universität einschreiben durfte. Nach meinem Studium arbeitete ich zehn Jahre lang als Oberarzt an einer deutschen Klinik. Dabei lernte ich meine Frau kennen, die ebenfalls Ärztin ist. Mittlerweile haben wir uns eine eigene Praxis aufgebaut, unsere drei Kinder wachsen hier in Deutschland auf und kennen meine Heimat nur vom Urlaub."

M6 *Dr. Hamdi H.*

Kinderalltag in anderen Regionen der Erde

Hoffnung auf ein besseres Leben in der Stadt

Schätzungen zeigen, dass im Jahr 2050 etwa drei Viertel der Weltbevölkerung in Städten leben werden. Was sind die Gründe für den Umzug vom Land in die Stadt? Gerade in den armen Ländern hoffen viele Menschen auf ein besseres Leben in der Stadt, einen sicheren Arbeitsplatz, gute Gesundheitsfürsorge und Ausbildungsmöglichkeiten. Die Wirklichkeit sieht aber leider anders aus.

M1 *Obdachlose Kinder in Rio de Janeiro*

Straßenkinder

In vielen Großstädten Südamerikas, Afrikas oder Asiens nimmt die Zahl der Kinder zu, die auf Dauer auf der Straße leben. Untersuchungen haben ergeben, dass fast alle **Straßenkinder** mindestens einen lebenden Elternteil haben.

Info

Straßenkinder

Kinder, die kein Zuhause haben und ihr Leben auf den Straßen der Großstädte verbringen, werden Straßenkinder genannt. Sie wohnen, essen und schlafen auf der Straße. Man schätzt, dass es etwa 100 Millionen Straßenkinder in den Großstädten Südamerikas, Afrikas, Süd- und Südostasiens gibt. Weltweit „verwahrlosen" etwa 300 Millionen Kinder.

---

1 Vergleiche das Leben der Kinder und nenne die Unterschiede zur Kindheit in einem europäischen Land (M1 – M5).

2 Notiere mithilfe der angegebenen Internet-Adressen
a) welche Arbeiten Kinder verrichten müssen,
b) welche Hilfsprojekte es für Kinder in Asien, Afrika und Südamerika gibt.

Jaime aus Brasilien

„Ich war das älteste von neun Kindern. Mein Vater hatte früher Gelegenheitsjobs, aber dann fand er keine Arbeit mehr. Er begann zu trinken und wenn er abends nach Hause kam, schlug er uns. Mit elf Jahren bin ich weggelaufen. Aber es war ein schlimmes Leben auf der Straße. Ich wurde von Polizisten geschlagen und von anderen Jungen betrogen. Einmal wurde ich beinahe von einem Auto überfahren, als ich an einer Straßenkreuzung Zeitungen verkaufte."

Mario aus Bolivien

„Ich bin 14 Jahre alt und lebe seit sieben Jahren in einem Heim für Straßenkinder von UNICEF*. Jetzt gehe ich in die achte, die letzte Schulklasse. Da ich Elektriker werden will, besuche ich nachmittags einen Kurs in der Berufsausbildungsstätte. Ich habe mir immer gewünscht einen eigenen Beruf zu erlernen und meinen Unterhalt selbst zu verdienen. Irgendwann möchte ich heiraten und Kinder haben. Ich würde sie niemals schlagen, damit sie nicht auf die Straße gehen."

*UNICEF ist ein Kinderhilfswerk.

M2/M3 *Berichte von Kindern aus Südamerika*

Die Geschichte eines Straßenkindes beginnt oft in einer Hüttensiedlung am Stadtrand ohne Kanalisation und ohne Elektrizität. Schon im Alter von sechs Jahren werden die Kinder losgeschickt um einen Teil des Familieneinkommens zu verdienen. Meist gehen sie betteln. Weil sie noch klein sind und Mitleid erregen, funktioniert das ganz gut. Die Kinder fahren mit dem Bus in die Innenstadt. Dort erreichen sie mehr wohltätige Menschen als am Stadtrand. Und eines Tages kehren sie nicht mehr zu ihren Eltern zurück. Da es warm ist, brauchen die Kinder zum Schlafen kein Dach über dem Kopf. Aber zur eigenen Sicherheit wären vier Wände dringend notwendig. Viele Kinder werden Opfer von Banditen.

www
www.misereor.de
www.unicef.de
www.welthungerhilfe.de

3 Nenne die Kinderrechte (M6), die bei Mainya Tamang (M4) verletzt werden.

Arbeit am Knüpfstuhl
Seit zwei Jahren knüpft die zehnjährige Mainya Tamang aus einem indischen Dorf Teppiche in einem kleinen Betrieb. Das Mädchen unterstützt mit ihrem Verdienst die Familie. Viele Erwachsene finden keine Arbeit, weil die Knüpfstuhlbesitzer lieber Kinder beschäftigen. Zwölf bis vierzehn Stunden täglich setzt Mainya mit immer gleichen schnellen Handbewegungen einen Knoten neben den anderen. Sie arbeitet sieben Tage die Woche. Die Arbeit ist eintönig und anstrengend. Die Luft ist stickig und voll Wollstaub. Mainya hustet ständig. Sie arbeitet hastig, denn sie muss jeden Tag 6000 Knoten schaffen, sonst wird ihr Tageslohn nicht bezahlt: 10 Rupien, etwa 0,36 Euro. Das reicht gerade um Lebensmittel für einen Tag zu kaufen, denn ein Kilo Reis kostet 0,72 Euro. Ein Aufseher ist immer in der Nähe. Wenn Mainya einen Fehler macht, wird sie von ihm geschlagen.

M4 *Kinderalltag in einem indischen Dorf*

„Ich arbeite neben der Schule jeden Mittwoch drei Stunden als Zeitungsausträger. Dafür bekomme ich 67,50 € im Monat. Damit bessere ich mein Taschengeld auf. Es macht Spaß und ich kann mir schon mal eine CD leisten, die ich sonst nicht kaufen würde. Außerdem spare ich mir Geld für Klassenfahrten."

M5 *Sebastian aus Hof, 14 Jahre*

Kinder haben Rechte
1. Das Recht auf Gleichheit, unabhängig von Rasse, Religion, Herkunft oder Geschlecht.
2. Das Recht auf eine gesunde körperliche und geistige Entwicklung.
3. Das Recht auf einen Namen und eine Staatsangehörigkeit.
4. Das Recht auf ausreichende Ernährung, menschenwürdige Wohnverhältnisse und medizinische Versorgung.
5. Das Recht auf besondere Betreuung im Falle geistiger oder körperlicher Behinderung.
6. Das Recht auf Liebe, Verständnis und Geborgenheit.
7. Das Recht auf unentgeltlichen Unterricht, auf Spiel und Erholung.
8. Das Recht auf Beteiligung an der Gestaltung der eigenen Umwelt.
9. Das Recht auf Schutz vor Grausamkeit, Vernachlässigung und Ausbeutung.
10. Das Recht auf Schutz vor allen Formen der Demütigung und Erniedrigung und auf eine Erziehung des Friedens und der Rücksichtnahme.

M6 *Diese vom Kinderhilfswerk UNICEF aufgestellten Kinderrechte werden nicht in allen Ländern der Erde eingehalten*

In den folgenden Text haben sich sieben falsche Aussagen eingeschlichen. Wie lauten sie richtig?

Berlin ist seit der Wiedervereinigung die größte Stadt des Landes Sachsen. Hier ist auch der Sitz von Bundesregierung und Bundestag. Berlin ist nicht nur ein politisches Zentrum, sondern ein Mittelpunkt des kulturellen und wirtschaftlichen Lebens in Deutschland. Jährlich finden hier über 400 Messen, Kongresse und Veranstaltungen statt. Eine davon ist das weltberühmte Oktoberfest, das jedoch schon Anfang September gefeiert wird.

Berlin ist nach Hamburg und Frankfurt die größte Stadt Deutschlands und bietet viele Möglichkeiten zur Naherholung. Ein Viertel der Fläche wird von Wäldern und Seen, wie zum Beispiel dem Bodensee, bedeckt.

Über fünf Millionen Touristen aus aller Welt kommen hier her um die berühmten Sehenswürdigkeiten Reichstag, Maximilianeum und Brandenburger Tor zu besichtigen oder eine Schiffsrundfahrt auf der Isar zu machen.

Zu welchen Ländern in der Bundesrepublik Deutschland gehören diese Städte:
Erfurt, Wiesbaden, Potsdam, Hannover, Saarbrücken?

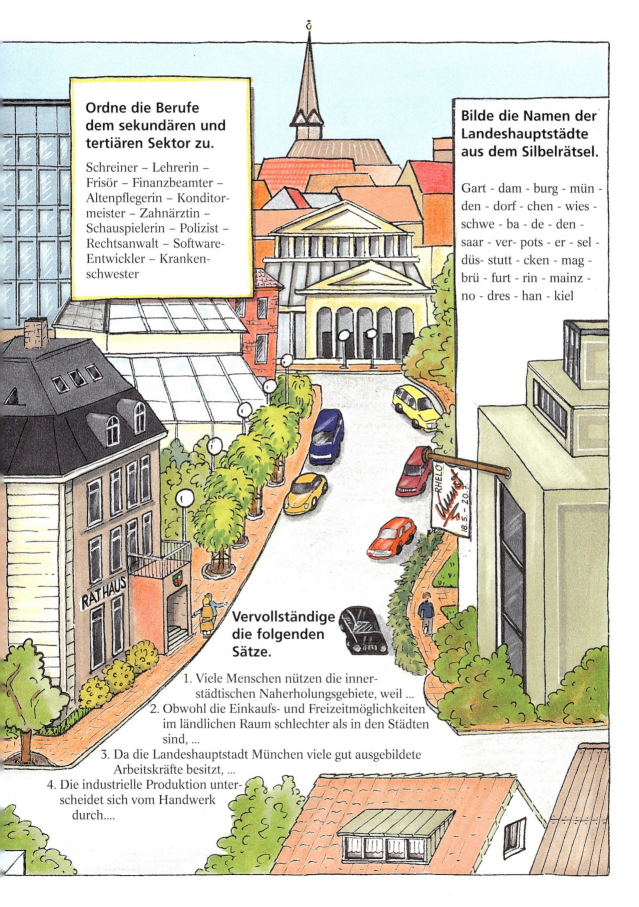

Grundwissen im Minilexikon

Ablagerung
→ Sedimentation.

Abtragung
→ Erosion.

Ackerbau (Seite 93)
Form der landwirtschaftlichen Bodennutzung (z.B. Getreideanbau, Zuckerrübenanbau). Neben dem Ackerbau gehören die Viehhaltung (→ Grünlandwirtschaft) und der Anbau von → Sonderkulturen zur Landwirtschaft.

Agroindustrie (Seite 104)
Bei dieser Form der Landwirtschaft erfolgen – wie in einem Industrieunternehmen – die verschiedenen Produktionsschritte von der Herstellung über die Verarbeitung bis zur Vermarktung landwirtschaftlicher Produkte in einem Betrieb.

Alm (Seite 99)
Hochgebirgsweide, auf der in den Sommermonaten Jungvieh und manchmal auch noch Milchvieh gehalten wird.

Alpenvorland (Seite 43)
Zwischen der Donau und den Alpen gelegenes Hügelland. Es steigt von 300–400 m zu den Alpen hin auf 800 m an.

Äquator (Seite 31)
Der Äquator ist eine Linie auf Karten und Globen, die die Erde in eine Nord- und eine Südhalbkugel teilt. Er ist mit 40 077 km der längste → Breitenkreis. (→ Gradnetz)

Atmosphäre (Seite 20)
Die Atmosphäre ist die Lufthülle der Erde. Sie ist ungefähr 1000 km dick und besteht aus verschiedenen Gasen und Schichten.

Binnenmeer (Seite 24)
Ein Binnenmeer (z.B. Ostsee) ist überwiegend von Land umschlossen und besitzt nur einen schmalen Zugang zum → Ozean.

Boden (Seiten 21, 96)
Boden ist die wenige Zentimeter bis zu einem Meter dicke Schicht der äußeren → Erdkruste. Er entsteht durch → Verwitterung und bietet den Wurzeln der Pflanzen Halt.

Bodenfruchtbarkeit (Seite 96)
Der Begriff bezeichnet die Fähigkeit des Bodens ein ertragreiches und gesundes Wachstum der Pflanzen zu ermöglichen. Die Bodenfruchtbarkeit wird z.B. durch die im Boden verfügbare Wassermenge, die gespeicherten mineralischen Nährstoffe, Bodenlebewesen und Luftdurchlässigkeit bestimmt.

Börde (Seite 94)
Eine mit fruchtbarem Löss, das heißt einem während der → Eiszeit angewehten Gesteinsstaub, bedeckte Landschaft am Nordrand der deutschen Mittelgebirge (z.B. Soester Börde, Magdeburger Börde). Sie wird intensiv landwirtschaftlich genutzt. In Süddeutschland werden diese fruchtbaren Lössgebiete Gäu oder Gäulandschaft genannt.

Breitenkreis (Seite 31)
(oder Breitengrad). Teil des → Gradnetzes der Erde. Der längste Breitenkreis ist der Äquator. Vom Äquator aus (0°) werden Breitengrade nach Norden bis 90° nördlicher Breite und nach Süden bis 90° südlicher Breite gezählt.

Bruchscholle (Seite 59)
Teilstück eines zerbrochenen → Gebirgsrumpfes.

Bundeshauptstadt (Seite 142)
Die Hauptstadt eines Staates ist die Stadt, in der die Regierung und meist auch das Parlament ihren Sitz haben. Weil Deutschlands offizieller Name „Bundesrepublik Deutschland" lautet, nennt man die Hauptstadt in Kurzform auch Bundeshauptstadt. Die Hauptstadt von Deutschland ist Berlin. (→ Landeshauptstadt)

City (Seite 122)
In den großen Städten bezeichnet man das Geschäftsviertel in der Innenstadt als City. Es gibt dort Spezialgeschäfte, Warenhäuser, Büros und Gaststätten, aber kaum Wohnungen.

Dauerkultur (Seite 101)
Bei dieser Form der Landwirtschaft stehen die Nutzpflanzen mehrere Jahre oder dauerhaft auf den gleichen Flächen. Es handelt sich dabei meistens um Baum- oder Strauchkulturen wie etwa Obstbäume oder Wein.

Deich (Seite 72)
Ein Deich ist ein künstlich aufgeschütteter Damm an einer Küste oder einem Flussufer. Er soll das dahinter liegende Land vor Überflutungen schützen.

Denkmalschutz (Seite 145)
Gesetzlich geregelter Schutz von Gebäuden oder Gegenständen, die für kommende Generationen erhalten werden sollen, weil sie eine besondere historische oder künstlerische Bedeutung haben.

Diagramm (Seite 25)
Zeichnerische Darstellung zur Veranschaulichung von Zahlen, z.B. als Säulen oder Kurve.

Einzugsgebiet (Seite 14)
(auch Einzugsbereich genannt). Das Gebiet oder auch der Umkreis, aus dem der Zustrom von Menschen zu einem Ort oder einer bestimmten Einrichtung (z.B. Kaufhaus, Theater) erfolgt.

Eiszeit (Seite 52)
Abschnitt der Erdgeschichte mit niedrigen Temperaturen, in dem Teile der Erdoberfläche von mächtigen Eismassen bedeckt waren. Die letzte Eiszeit endete vor etwa 10 000 Jahren. Die Zeiträume zwischen den Eiszeiten nennt man Warmzeiten.

Erdkern (Seite 22)
Innerer Teil des Erdkörpers. Er beginnt ab 2900 km Tiefe und reicht bis zum Erdmittelpunkt in 6370 km Tiefe.

Erdkruste (Seite 22)
Das Erdinnere ist aus mehreren Schalen aufgebaut. Die Erdkruste ist die äußerste Schale. Sie ist zwischen 15 und 50 km dick.

Erdmantel (Seite 22)
Zwischen → Erdkruste und → Erdkern gelegene Schale des Erdkörpers.

Erosion (Seiten 47, 52, 58, 63)
Abtragung von Land (Gestein und Boden) durch Wasser, Eis und Wind.

Erstarrungsgestein (Seiten 46, 67)
Dazu zählen alle Gesteine, die durch Erstarrung von Magma oder Lava an oder unter der Erdoberfläche entstanden sind.

Faltengebirge (Seite 47, 56)
Gebirge, bei dem die ursprünglich waagrecht abgelagerten Gesteinsschichten im Erdinneren gefaltet und anschließend hoch über den Meeresspiegel herausgehoben wurden.

Minilexikon

Faltung (Seite 46)
Verformung von Gesteinsschichten im Erdinneren bei hohem Druck und Temperaturen von mehreren hundert Grad.

Flachküste (Seite 68)
Die Flachküste ist ein sandiger und flachwelliger Küstenabschnitt. Meeresbrandung und -strömungen verlegen die Küstenlinie ständig.
(→ Steilküste)

Flächenumwidmung (Seite 88)
Ein Vorgang, bei dem z.B. landwirtschaftliche Flächen eine neue, nichtlandwirtschaftliche Nutzung erfahren. Acker- und Weideflächen werden in Wohn- und Gewerbegebiete, Verkehrsflächen und Erholungsflächen wie → Freizeitparks oder Golfplätze umgewandelt.

Flurbereinigung (Seiten 87, 101)
Neugliederung der Flur, wobei zersplitterter bäuerlicher Grundbesitz nach Lage, Form, Größe und Bodengüte zusammengelegt wird. Durch den Bau neuer Wege wird der Einsatz von modernen Landmaschinen ermöglicht.

Fossilien (Seite 44)
Fossilien sind Überreste von Pflanzen und Tieren früherer erdgeschichtlicher Epochen, die in Gesteine eingebettet wurden.

Freizeitpark (Seite 90)
Ein Gebiet, das auf großer Fläche und für einen bestimmten Eintrittspreis viele verschiedene Attraktionen zur Unterhaltung, zum Spielen und zur Information anbietet. Freizeitparks haben oft ein bestimmtes Thema wie zum Beispiel „Märchen", „Der Wilde Westen", „Disney-Figuren". Man nennt sie deshalb auch „Themenparks".

Fremdenverkehr (Seite 54)
Reisen im In- und Ausland, die zum Beispiel der Erholung und Bildung dienen.

Fruchtwechsel (Seite 94)
Um dem Boden nicht immer dieselben Nährstoffe zu entziehen wird auf einer landwirtschaftlichen Fläche regelmäßig, meist dreijährig, die Folge der Anbaufrüchte gewechselt. So folgt z.B. nach dem Zuckerrübenanbau im nächsten Jahr Gerste und im darauffolgenden Jahr Weizen.

Gäu
→ Börde.

Gebirgsrumpf (Seiten 59, 62)
Rest eines ehemaligen Gebirges, bei dem die einst emporragenden Höhen bis zum Meeresspiegel hinab abgetragen wurden. Die Oberfläche des Gebirgsrumpfes ist eine flache bis leicht gewellte → Rumpffläche.

Gemeinde (Seite 136)
Die Gemeinde ist ein Ort (oft mit mehreren Ortsteilen), der eine eigene Verwaltung (Rathaus) hat. Sie übernimmt für die dort lebenden Menschen bestimmte Verwaltungsaufgaben. Dazu gehören zum Beispiel die Ausstellung eines Personalausweises oder die Sicherstellung der Wasserversorgung für die Bevölkerung.

Genossenschaft (Seite 101)
Zusammenschluss von Landwirten mit dem Ziel eines gemeinsamen und damit kostengünstigen An- und Verkaufs von z.B. Düngemitteln und Landmaschinen (Einkaufsgenossenschaft) oder landwirtschaftlichen Produkten (Absatzgenossenschaft).

Gezeiten (Seite 70)
Unter Gezeiten versteht man das regelmäßige Heben und Senken des Meeresspiegels an der Küste. Das Ansteigen des Wassers nennt man Flut, das Sinken Ebbe.

glaziale Serie (Seite 53)
Von lateinisch „glacies": Eis. Regelmäßige Abfolge von Naturräumen, die das Eis und seine Schmelzwässer während der → Eiszeiten geformt haben.
Glaziale Serie im Alpenvorland:
Grundmoräne, Endmoräne, Schotterebene.
Glaziale Serie in Norddeutschland:
Grundmoräne, Endmoräne, Sander, Urstromtal.

Gletscher (Seite 52)
Eismasse im Hochgebirge, die langsam talwärts fließt. Im Nährgebiet bildet sich der gefallene Schnee zu Gletschereis um. Im Zehrgebiet schmilzt das Eis ab.

Grabenbruch (Seite 59)
Eine gegenüber der Umgebung abgesunkene langgestreckte → Bruchscholle.

Gradnetz (Seite 30)
Darstellungen der Erde (Globus, Karte) sind mit einem Netz von Linien überzogen. Sie verlaufen von Norden nach Süden (→ Längenhalbkreise) und von Westen nach Osten (→ Breitenkreise). Dieses Gradnetz dient der genauen Ortsbestimmung auf der Erde.

Grundriss (Seite 13)
Darstellung der Grundfläche (Länge und Breite) eines Gegenstandes in einem bestimmten → Maßstab.

Grünlandwirtschaft (Seite 98)
Diejenige Art von Landwirtschaft, bei der Wiesen und Weiden (mit Viehhaltung) vorherrschen.

Hauptsaison (Seite 54)
Jahreszeit, in der besonders viele Gäste einen Fremdenverkehrsort besuchen.
(→ Nebensaison)

Hebung (Seite 46)
Emporpressen von Gesteinen in große Höhen und dadurch Entstehung eines Gebirges.

High-Tech-Industrie (Seite 132)
High-tech ist die englische Abkürzung für Hochtechnologie. High-Tech-Produkte erfordern einen besonders hohen wissenschaftlichen und finanziellen Entwicklungsaufwand.

Hochgebirge (Seiten 24, 43, 46, 56)
Gebirge mit Höhen über 2000 m, meist mit schroffen, steil aufragenden Bergen und tief eingeschnittenen Tälern. Auf den höchsten Erhebungen gibt es häufig → Gletscher.

Höhenlinie (Seite 34, 48)
Eine Höhenlinie verbindet auf einer Karte alle Punkte gleicher Höhe über dem Meeresspiegel. Mithilfe von Höhenlinien werden die Oberflächenformen (Berge und Täler) einer Landschaft dargestellt. Je enger die Höhenlinien nebeneinander liegen, umso steiler ist das Gelände.

Höhenprofil (Seite 48)
→ Diagramm, das die Höhen entlang einer bestimmten Strecke zeigt.

Höhenschicht (Seite 34, 48)
Wenn man die Flächen zwischen den → Höhenlinien auf Karten farbig ausmalt, erhält man Höhenschichten. Die Oberflächenformen (Berge und Täler) werden dadurch sehr anschaulich. Die Farbe wechselt mit zunehmender Höhe von Grün über Gelb nach Braun.

Höhenstufe (Seite 50)
Bestimmter Höhenbereich im Gebirge mit kennzeichnender Pflanzenbedeckung. Übereinander ist eine typische Abfolge von Höhenstufen zu beobachten, die abhängig von den Temperaturen entstehen.

Individualverkehr (Seite 127)
Wer sich mit einem Fahrzeug (Fahrrad, Motorrad oder Auto) selbstständig fortbewegt, ist Teil des Individualverkehrs.

Infrastruktur (Seite 138)
Dazu zählen alle Einrichtungen, die zur Entwicklung eines Raumes notwendig sind wie z.B. Verkehrswege, Wasser- und Stromleitungen, Bildungseinrichtungen, Krankenhäuser.

Integration (Seite 146)
Unter Integration versteht man das langsame Hineinwachsen ausländischer Mitbürger in ihre neue Umgebung. Dabei müssen sich sowohl Ausländer als auch Einheimische an die neue Situation anpassen. Die Integration erfordert gegenseitiges Verständnis für unterschiedliche Sprache, Lebensgewohnheiten und Religion. Sie dauert viele Jahre, manchmal sogar Jahrzehnte.

Intensivierung (Seite 94)
In der Landwirtschaft werden die Maßnahmen zur Steigerung der Ernteerträge als Intensivierung bezeichnet. Durch den Einsatz von hochwertigem Saatgut, von Pflanzenschutz- und Düngemitteln sowie durch eine zeitaufwändigere Bodenbearbeitung können höhere Erträge erzielt werden.

Kerbtal (Seite 80)
Tal mit steilen Wänden und schmaler Talsohle; wegen seiner Form oft auch V-Tal genannt.

Kompass (Seite 28)
Ein Kompass ist ein Gerät zur Bestimmung der Himmelsrichtungen. Er enthält eine längliche Nadel, die nach Norden in Richtung Nordpol zeigt. Unter der Kompassnadel ist eine → Windrose. Mit ihrer Hilfe kann man die übrigen Himmelsrichtungen bestimmen.

Kontinent (Seite 24)
Eine Festlandsmasse, die von anderen Kontinenten durch eine natürliche Abgrenzung (z.B. ein Meer, ein Gebirge) getrennt ist. Die Kontinente heißen Europa, Asien, Afrika, Nordamerika, Südamerika, Australien, Antarktis.

Küstenschutz (Seite 72)
Das sind alle Maßnahmen, die einen Küstenabschnitt vor → Erosion und Landverlust schützen sollen (z.B. Deiche). Zum Küstenschutz gehört auch die Gewinnung von neuem Land aus dem Meer.

Landeshauptstadt
(Seiten 10, 116, 130)
In einer deutschen Landeshauptstadt haben die Regierung und das Parlament eines Landes der Bundesrepublik Deutschland ihren Sitz. Die Landeshauptstädte sind meist auch die größten Städte und wirtschaftliche und kulturelle Zentren der deutschen Länder.

ländlicher Raum (Seite 86)
Darunter versteht man ein Gebiet, das gekennzeichnet ist durch eine geringe Bevölkerungsdichte, das Fehlen größerer Städte, eine große Zahl von Beschäftigten in der Landwirtschaft, einen Mangel an Arbeitsplätzen im → sekundären und → tertiären Sektor sowie eine geringe Verkehrserschließung.

Längenhalbkreis (Meridian) (Seite 31)
(oder Längengrad) Teil des → Gradnetzes der Erde. Durch Greenwich (London) verläuft der Nullmeridian. Er teilt die Erdkugel in eine westliche und eine östliche Hälfte. Längengrade werden jeweils von 0° bis 180° nach Osten und Westen gezählt.

Legende (Seite 33)
Die Legende ist die Zeichenerklärung einer Karte. Alle Flächenfarben und → Signaturen, die in der Karte benutzt werden, sind hier erklärt.

Löss
→ Börde.

Luftlinie (Seite 14)
Mit dem Lineal gezogene und damit kürzeste Verbindung zwischen zwei Punkten auf einer Karte.

Mäander (Seite 80)
Weite Flussschlinge, die bei sehr geringem Gefälle des Flusses entsteht.

magmatisches Gestein
(Seiten 46, 67)
→ Erstarrungsgestein.

Marsch (Seite 73)
Die Marsch ist das flache, nur wenige Meter über dem Meer liegende Land an der Nordseeküste. Es ist durch die Anschwemmung von Schlick im → Watt entstanden.

Maschinenbesatz (Seite 95)
Die Ausstattung eines Bauernhofes mit Landmaschinen (z.B. Schlepper, Mähdrescher, Zuckerrübenvollernter), die dem Landwirt die Arbeit erleichtern, wird als Maschinenbesatz bezeichnet.

Massentierhaltung (Seite 104)
Bei der Massentierhaltung werden von einem Betrieb oftmals Tausende von Nutztieren (z.B. Schweine, Puten, Hühner) gehalten. Um Kosten zu sparen sind in diesen spezialisierten Betrieben die Arbeitsabläufe (z.B. Füttern, Entmisten) stark automatisiert. Die Entsorgung der großen Mengen an Gülle kann zu Umweltproblemen führen.

Maßstab (Seite 36)
Auf Karten ist ein Landschaftsausschnitt verkleinert dargestellt. Der Maßstab gibt an, wie stark die Inhalte einer Karte gegenüber der Wirklichkeit verkleinert wurden, er ist ein Maß für die Verkleinerung. Ein kleiner Maßstab (z.B. 1 : 1 000 000) zeigt weniger Einzelheiten als ein großer (z.B. 1 : 100). Der Maßstab 1 : 50 000 bedeutet, dass 1 cm auf der Karte 50 000 cm oder 500 m in der Natur entsprechen.

Mechanisierung (Seite 95)
Ersatz der Handarbeit und der menschlichen Arbeitskraft durch moderne Maschinen und Geräte.

Meridian (Seite 31)
→ Längenhalbkreis.

metamorphes Gestein
(Seiten 46, 59, 67)
→ Umwandlungsgestein.

Meteorit (Seite 20)
Ein Gesteinsbrocken, der im → Sonnensystem umherfliegt und von der Anziehungskraft der Erde eingefangen werden kann. Er rast mit einer Geschwindigkeit von bis zu 70 Kilometern pro Sekunde auf die Erde zu. Durch die Luftreibung wird er in der → Atmosphäre so heiß, dass er oberflächlich zu glühen anfängt und eine Leuchtspur sichtbar wird. Viele Meteoriten verglühen vollständig.

Mineral (Seite 66)
Minerale sind die Bestandteile, aus denen sich die Gesteine aufbauen. Meist bilden Minerale Kristalle. Diese unterscheiden sich z.B. nach Härte, Glanz, Farbe und Durchsichtigkeit.

Mittelgebirge (Seiten 43, 59, 62)
Gebirge mit abgerundeten Formen und Höhen von höchstens 1500 m. Die deutschen Mittelgebirge sind größtenteils bewaldet.

Mobilität (Seite 126)
Räumliche Mobilität nennt man die Bewegung im Raum, beispielsweise die tägliche Fahrt zur Schule und zur

Arbeitsstätte, die Urlaubsreise oder den Umzug von einer Stadt in die andere.

Moräne (Seite 53)
Von → Gletschern mitgeführter und abgelagerter Gesteinsschutt. Man unterscheidet je nach Lage Grund-, End- und Seitenmoränen.

Naherholungsgebiet (Seite 138)
Naherholungsgebiete liegen in der Nähe des Wohnorts und dienen der Kurzerholung.

Nationalpark (Seite 65)
Nationalparks sind große Gebiete mit besonders schönen oder seltenen Naturlandschaften. Es gelten strenge Schutzbestimmungen um die hier lebenden Tiere und Pflanzen in ihrem Lebensraum zu erhalten.

Naturpark (Seite 65)
Naturparks sind großräumige Gebiete, die sich zur Erholung besonders gut eignen. In ihnen werden die Bereiche mit wirtschaftlicher Nutzung wie Fremdenverkehr, Land- und Forstwirtschaft von den Naturschutzgebieten klar getrennt.

Nebenerwerbslandwirt (Seite 87)
Ein Landwirt, dessen Einkommen überwiegend nicht aus dem landwirtschaftlichen Betrieb, sondern aus einer nichtlandwirtschaftlichen Tätigkeit stammt.
(→ Vollerwerbslandwirt)

Nebensaison (Seite 54)
Jahreszeit, in der besonders wenige Gäste einen Fremdenverkehrsort besuchen.
(→ Hauptsaison)

Öffentlicher Personennahverkehr (ÖPNV) (Seite 126)
Unter ÖPNV versteht man den Transport von Personen mit öffentlichen Verkehrsmitteln (z.B. Straßenbahn, Bus, U- und S-Bahn) innerhalb von Städten und zwischen Städten und ihrem Umland.

ökologische Landwirtschaft (Seite 106)
Öko-Bauern betreiben eine Landwirtschaft, die im Einklang mit der Natur steht. Hierbei wird ein vielfältiger Ackerbau mit artgerechter Tierhaltung kombiniert. Die Bodenbearbeitung erfolgt möglichst schonend ohne chemische Pflanzenschutzmittel und unter Verwendung von natürlichem Dünger wie z.B. Stallmist.

Ökosystem (Seiten 74, 140)
In einem Ökosystem stehen die Umweltbereiche Klima, Tiere, Pflanzen, Wasser, Boden, Gesteine und Menschen in enger Wechselwirkung. Je nachdem, welche Lebensbedingungen herrschen, entwickeln sich unterschiedliche Ökosysteme wie zum Beispiel eine Wiese, ein Wald, ein Gewässer oder ein Moor.

Ozean (Seite 24)
Die einzelnen, durch → Kontinente voneinander getrennten Teile des Weltmeeres; dies sind der Atlantische, der Indische und der Pazifische Ozean. Auch die gesamte Wassermasse des Meeres wird Ozean genannt.

Pendler (Seite 136)
Pendler sind Menschen, die regelmäßig ihren Wohnort verlassen um in einem anderen Ort zu arbeiten, zur Schule zu gehen oder einzukaufen. Sie „pendeln" also meist täglich zwischen zwei Orten hin und her.

physische Karte (Seite 33)
Die physische Karte ist ein wichtiges Hilfsmittel um sich zu orientieren. Sie enthält u.a. Landhöhen (Farbgebung in Grün, Gelb und Braun), Höhenangaben, Gewässer (Flüsse, Seen, Meere usw.), Orte, Verkehrslinien, Grenzen sowie Einzelzeichen (Berg, Stausee, Kirche usw.).
(→ thematische Karte)

Planet (Seite 18)
Himmelskörper, der sich auf einer Umlaufbahn um die Sonne bewegt. Er leuchtet nicht selbst, sondern nur im Licht der Sonne. Unsere Sonne hat neun Planeten. Einer von ihnen ist die Erde.

Planetarium (Seite 19)
Einrichtung, in der zum Beispiel unser Sonnensystem mit den Bewegungen der → Planeten und ihrer → Trabanten veranschaulicht wird. Die Gestirne werden als Lichtbilder in die halbkugelförmige Kuppel des Planetariums projiziert.

primärer Sektor (Seite 92)
Der Teil der Wirtschaft, der die Bereiche Landwirtschaft, Forstwirtschaft, Fischerei und die Gewinnung von Rohstoffen umfasst („erster Bereich").
(→ sekundärer Sektor, → tertiärer Sektor)

Randmeer (Seiten 24, 70)
Ein Randmeer (z.B. Nordsee) ist ein vom → Ozean durch Inseln und Halbinseln abgetrennter Meeresteil an einem Kontinentrand.

Regierungsbezirk (Seite 116)
Die Länder der Bundesrepublik Deutschland sind verwaltungstechnisch in Regierungsbezirke unterteilt. In den Stadtstaaten heißen sie Bezirke.

Register (Seite 32)
Im Atlas enthält das Register die Namen aller auf den Karten vorkommenden Länder, Städte, Flüsse, Gebirge usw. Sie sind nach dem Alphabet geordnet. Seitenangaben und die Angabe des Planquadrats ermöglichen das schnelle Auffinden eines gesuchten Namens.

Revolution (Seite 18)
Bezeichnung für den Umlauf der Erde um die Sonne im Laufe eines Jahres (etwas mehr als 365 Tage).

Rotation (Seite 18)
Bezeichnung für die Drehbewegung der Erde um ihre eigene Achse innerhalb von 24 Stunden. Die Erde rotiert von West nach Ost.

Rumpffläche (Seite 59)
Flache oder leicht wellige Ebene auf einem → Gebirgsrumpf.

Sanierung (Seite 145)
Unter Sanierung versteht man die Instandhaltung von Gebäuden. Dazu gehören Arbeiten an der Fassade ebenso wie im Inneren der Gebäude.

Schichtstufenland (Seite 62)
Landschaft aus mehreren Geländestufen, die aus einem steilen Anstieg und einer Stufenfläche bestehen. Schichtstufen können dort entstehen, wo harte und weiche Schichten abwechseln und leicht schräg einfallen.

Sedimentation (Seiten 47, 53)
Ablagerung von verwittertem Gesteinsmaterial, das von Wasser, Eis oder Wind transportiert wurde.

Sedimentgestein (Seiten 46, 67)
Gestein aus abgelagerten Gesteinsteilchen oder Resten von Lebewesen, die nachträglich verfestigt wurden. Ein Sedimentgestein zeigt meist eine deutliche Schichtung und enthält häufig → Fossilien.

sekundärer Sektor (Seiten 93, 134)
Die Weiterverarbeitung der Rohstoffe, die der primäre Sektor erzeugt, erfolgt in Industrie- und Handwerksbetrieben. Diesen Teil der Wirtschaft fasst man im

sekundären Sektor (dem „zweiten Bereich") zusammen.
(→ primärer Sektor, → tertiärer Sektor)

Signatur (Seite 33)
Auf Karten gibt es Flächenfarben und Signaturen (z.B. ein Flugzeug auf einer runden, gelben Fläche für Flughafen). Sie werden in der → Legende erklärt.

Sonderkultur (Seiten 93, 101)
Nutzpflanzen, die mit hohem Aufwand an Arbeitskraft und Geld auf kleinen Flächen angebaut werden, heißen Sonderkulturen. Sie stellen besondere Ansprüche an das Klima und die Bodenbeschaffenheit, liefern aber auch hohe Erträge pro Hektar (z.B. Obst, Wein oder Gemüse).

Sonnensystem (Seite 18)
Die Sonne mit ihren → Planeten und deren → Trabanten bildet ein Sonnensystem. Unser Sonnensystem umfasst neun Planeten mit zusammengenommen 31 Monden. Der Mittelpunkt unseres Sonnensystems ist die Sonne.

Spezialisierung (Seite 94)
Beschränkung der landwirtschaftlichen Tätigkeit auf den Anbau weniger ausgesuchter Pflanzen (Weizen, Wein, Zuckerrüben) oder auf eine bestimmte Wirtschaftsform (Ackerbau, Viehzucht).

Stadtökologie (Seite 140)
Die Stadtökologie untersucht die → Ökosysteme im Lebensraum „Stadt". Da dieser Lebensraum vom Menschen geprägt ist, finden sich dort ganz besondere Wechselwirkungen zwischen den Menschen, Tieren, Pflanzen und ihrer unbelebten Umwelt wie zum Beispiel Klima und Boden. Ein Ziel der Stadtökologie ist es, durch den Schutz der Umwelt die Lebensbedingungen in der Stadt dauerhaft zu verbessern.

Stadtplan (Seite 15)
Der Stadtplan ist eine Karte. Er enthält alle Straßen der Stadt mit Namen, die öffentlichen Gebäude, Parkplätze, Grünanlagen u.a. Oft sind auch die Bus- und Straßenbahnlinien eingezeichnet. Meistens enthält er auch ein Gitternetz und ein Straßenverzeichnis (das entspricht einem → Register) um eine gesuchte Straße/einen gesuchten Platz schneller finden zu können.

Stadtviertel (Seite 122)
Eine Stadt besteht aus verschiedenen Vierteln oder Gebieten. Diese unterscheiden sich durch ihre Nutzung und das Aussehen der Gebäude. Es gibt Wohnviertel, Industriegebiete, Gewerbegebiete, Erholungsgebiete und Geschäftsviertel.

Standortfaktor (Seite 134)
Standortfaktoren sind Voraussetzungen, die für oder gegen die Ansiedlung eines Betriebes an einem bestimmten Ort sprechen. Beispiele sind: das Vorhandensein von Arbeitskräften, der Ausbildungsstand der Arbeitskräfte, die Entfernung zu Rohstoffen und Absatzmärkten, der Anschluss des Geländes an Autobahnen, Bahnlinien, Flughäfen und Wasserstraßen, das Vorhandensein von Energie und steuerlichen Vergünstigungen.
Günstige Standortfaktoren nennt man auch Standortvorteile, nachteilige Standortfaktoren bezeichnet man auch als Standortnachteile.

Steilküste (Seite 68)
Diese Küste besitzt steil aufragende Felswände, die Kliffs, die durch Nachbrechen des Felsens landeinwärts verlagert werden. (→ Flachküste)

Stern (Seite 18)
Ein Stern (auch Sonne genannt) ist eine glühende Gaskugel, die ihr Licht in den Weltraum strahlt.

Sternwarte (Seite 19)
Einrichtung zur Beobachtung des Sternenhimmels mit Teleskopen (Fernrohren).

Straßenkind (Seite 148)
Kinder, die kein Zuhause haben und ihr Leben auf den Straßen der Großstädte verbringen, werden Straßenkinder genannt. Sie wohnen, essen und schlafen auf der Straße.

Suburbanisierung (Seite 136)
Darunter versteht man die Abwanderung der Stadtbevölkerung an den Stadtrand oder in das benachbarte Umland. Diese Entwicklung führt dazu, dass sich städtische Räume großflächig in die umliegenden Gemeinde ausdehnen und sich das Leben dort verändert.

tertiärer Sektor (Seiten 93, 132)
Im tertiären Sektor („dritten Bereich"), der auch Dienstleistungssektor genannt wird, sind die meisten Menschen in Deutschland beschäftigt. Sie erbringen Dienstleistungen als Verkäufer, als Bankangestellte, Lehrer, Ärzte oder Entwickler von Computerprogrammen.
(→ primärer Sektor,
→ sekundärer Sektor)

thematische Karte (Seite 33)
Diese Kartenart behandelt immer ein bestimmtes Thema. Nahezu alles, was räumlich verbreitet ist, lässt sich hier darstellen. So gibt es z.B. thematische Karten zur Bevölkerungsdichte, zur Wirtschaft, zum Fremdenverkehr oder zur Umweltverschmutzung.
(→ physische Karte)

Tiefland (Seiten 43, 68)
Flaches bis leicht hügeliges Land, dessen Erhebungen höchstens 200 m über dem Meeresspiegel liegen.

Trabant (Seite 18)
Ein Trabant ist ein Himmelskörper, der einen → Planeten auf einer Umlaufbahn umkreist. Er leuchtet wie auch der Planet nicht selber, sondern wird von der Sonne angestrahlt. Der Mond ist ein Trabant des Planeten Erde.

Trogtal (Seite 52)
Von einem → Gletscher trogartig ausgeschürftes Tal mit breiter, abgerundeter Talsohle; wegen seiner Form oft auch U-Tal genannt.

U-Tal
→ Trogtal.

Umwandlungsgestein (Seiten 46, 67)
(auch metamorphes Gestein genannt). Es ist durch Umwandlung aus anderen Gesteinen entstanden. Die Umwandlung erfolgte meist im Erdinneren bei hoher Temperatur und hohem Druck.

Urbanisierung (Seite 87)
Veränderungsprozess im ländlichen Raum, bei dem die Zahl der in der Landwirtschaft Beschäftigten abnimmt und die Zahl der in der Industrie und im Dienstleistungsgewerbe Beschäftigten zunimmt. Die Dörfer verändern ihr Aussehen durch Neubausiedlungen und Industriegebiete. Die Lebensweise der Dorfbewohner ist von der der Stadtbewohner kaum mehr zu unterscheiden.

Urstromtal (Seite 68)
Ein Urstromtal ist ein breites und flaches Tal, in dem das Schmelzwasser der → Gletscher in der → Eiszeit zum Meer abfloss.

V-Tal
→ Kerbtal.

Vegetation (Seite 50)
Gesamtheit des Pflanzenbestandes eines bestimmten Gebietes.

Verdichtungsraum (Seite 117)
Ein Verdichtungsraum ist ein Gebiet,

dessen Fläche mindestens 100 km² groß ist und in dem mindestens 100 000 Menschen wohnen.

Verwitterung (Seite 46)
Zerfall von Gesteinen an der Erdoberfläche unter dem Einfluss von Wasser, Hitze, Frost und Kleinstlebewesen.

Viehwirtschaft (Seite 93)
Die Viehwirtschaft stellt zusammen mit dem → Ackerbau den wichtigsten Zweig der Landwirtschaft dar. Ihr Ziel ist die Erzeugung von Milch (Milchwirtschaft) oder von Fleisch (z.B. Rinder- oder Schweinemast). Eine besondere Form der Viehwirtschaft ist die Almwirtschaft.

Vollerwerbslandwirt (Seite 87)
Ein Landwirt, der sein Einkommen fast ausschließlich aus seinem landwirtschaftlichen Betrieb erwirtschaftet. (→ Nebenerwerbslandwirt)

Waldgrenze (Seite 50)
Grenzzone im Gebirge, über der geschlossene Wälder wegen der zu niedrigen Temperaturen nicht mehr wachsen.

Wasserscheide (Seite 43)
Trennlinie zwischen Gebieten, deren Flüsse in unterschiedliche Meere münden.

Watt (Seite 68)
Das Watt ist der Teil des Meeresbodens, der bei Ebbe trocken fällt und bei Flut vom Meer überschwemmt wird. In Deutschland liegt das Watt zwischen den Nordsee-Inseln und dem Festland.

Windrose (Seite 28)
Darstellung der Himmelsrichtungen. Es sind die Haupthimmelsrichtungen Norden, Süden, Westen und Osten sowie die Nebenhimmelsrichtungen eingetragen.

Zentralität (Seite 136)
Zentralität bedeutet, dass ein Ort – meist ist es eine Stadt – eine wichtige Bedeutung für das Umland besitzt, weil er nicht nur die eigenen Bevölkerung, sondern auch die Menschen jenseits der Stadtgrenzen mit Gütern und Dienstleistungen versorgt.

Maße und Gewichte

Längenmaße
1 m (Meter) = 10 dm (Dezimeter)
 = 100 cm (Zentimeter)
 = 1000 mm (Millimeter)
1 km (Kilometer) = 1000 m
1 Meile (amerik./brit.) = 1609 m
1 sm (Seemeile) = 1852 m

Flächenmaße
1 m² (Quadratmeter) = 1 m · 1 m
1 a (Ar) = 10 m · 10 m = 100 m²
1 Morgen ≈ 2500 m²
1 ha (Hektar) = 100 m · 100 m = 10 000 m²
1 km² (Quadratkilometer) = 1 km · 1 km = 100 ha

Einheiten
Kilo: 1000
Mega: 1000 · 1000 = 1 000 000 (1 Mio.)
Giga: 1000 · 1000 · 1000 = 1 000 000 000 (1 Mrd.)

Raummaße/Hohlmaße
1 l (Liter) = 1 dm³ (Kubikdezimeter)
 = 1 dm · 1 dm · 1 dm
1 hl (Hektoliter) = 100 l
1 m³ (Kubikmeter) = 1 m · 1 m · 1 m

Gewichte
1 kg (Kilogramm) = 1000 g (Gramm)
1 dt (Dezitonne) = 1 dz (Doppelzentner)
 = 100 kg
1 t (Tonne) = 1000 kg
1 kt (Kilotonne) = 1000 t

Vergleichswerte
1 Fußballplatz: etwa 100 m · 60 m = 6000 m²
Ladung eines Lkws (ohne Anhänger): 8 t
Ladung eines Güterwagens: 20 t

Der Kürze wegen ist im Text von „Lehrern" und „Schülern" die Rede. Dass das Kollegium eines Gymnasiums aus Frauen und Männern, die Schülerschaft aus Mädchen und Jungen besteht, wurde überall bedacht.

Temperaturen und Niederschläge deutscher Wetterstationen

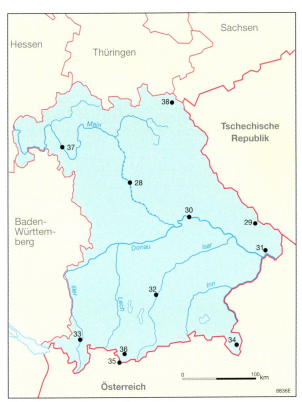

M1 *Lage der bayerischen Stationen*

M2 *Lage der Stationen in den übrigen Ländern in der Bundesrepublik Deutschland*

Bayern
Angabe der Monatsdurchschnittstemperaturen in °C und Monatsniederschläge in mm

				J	F	M	A	M	J	J	A	S	O	N	D
Nürnberg (28)	310 m ü. M.		°C	−1,4	−0,4	3,7	8,2	13,0	16,5	18,0	17,3	13,8	8,4	3,7	0,0
	49° 30' W / 11° 6' O		mm	43	39	35	40	55	71	90	75	46	46	41	42
Großer Falkenstein (29)	1307 m ü. M.		°C	−5,6	−4,2	−1,3	3,1	7,0	10,2	12,0	11,8	9,2	5,1	0,0	−3,4
	49° 5' N / 13° 17' O		mm	114	124	105	87	113	155	135	136	96	78	82	137
Regensburg (30)	376 m ü. M.		°C	−2,7	−1,6	3,2	8,0	12,9	16,2	18,0	17,2	13,8	8,3	3,0	−0,9
	49° 1' N / 12° 4' O		mm	46	41	33	40	59	83	93	74	52	44	39	42
Passau (31)	292 m ü. M.		°C	−2,9	−1,4	3,4	8,2	13,1	16,2	17,7	17,0	13,7	8,4	3,0	−1,0
	48° 35' N / 13° 29' O		mm	73	70	51	59	79	105	123	101	69	67	60	68
München-Riem (32)	527 m ü. M.		°C	−2,4	−1,2	3,0	7,6	12,2	15,4	17,2	16,6	13,3	7,8	2,9	−0,9
	48° 9' N / 11° 42' O		mm	59	55	51	62	107	125	140	104	87	67	57	50
Kempten (33)	705 m ü. M.		°C	−2,7	−1,7	2,2	6,3	10,8	14,3	16,0	15,3	12,3	7,1	2,3	−1,3
	47° 43' N / 10° 20' O		mm	94	90	80	85	123	152	158	131	124	90	85	75
Berchtesgaden (34)	542 m ü. M.		°C	−2,7	−1,2	3,0	7,1	11,7	14,8	16,3	15,4	12,6	7,3	2,7	−1,2
	47° 38' N / 13° 1' O		mm	100	100	88	103	136	180	219	182	127	106	85	88
Zugspitze (35)	2960 m ü. M.		°C	−11,6	−11,6	−9,5	−6,9	−2,5	0,5	2,5	2,4	0,6	−3,2	−7,0	−10,0
	47° 23' N / 10° 59' O		mm	175	160	146	169	169	191	209	179	142	134	134	138
Garmisch-Partenkirchen (36)	715 m ü. M.		°C	−3,2	−1,3	3,1	7,0	11,2	14,0	15,5	15,0	11,9	6,8	2,0	−2,1
	47° 30' N / 11° 6' O		mm	76	55	78	99	123	176	185	162	123	73	63	80
Würzburg (37)	259 m ü. M.		°C	−0,6	0,5	4,7	9,3	13,5	16,7	18,4	17,8	14,4	9,2	4,3	0,8
	49° 38' N / 9° 56' O		mm	54	47	35	45	56	72	72	68	53	49	47	48
Hof (38)	567 m ü. M.		°C	−3,4	−2,5	1,3	5,7	10,5	13,9	15,6	14,9	11,7	6,7	1,9	−1,8
	50° 19' N / 11° 53' O		mm	52	47	41	48	61	74	85	69	52	52	46	50

Übrige Länder in der Bundesrepublik Deutschland
Angabe der Monatsdurchschnittstemperaturen in °C und Monatsniederschläge in mm

Ort	Höhe / Koordinaten		J	F	M	A	M	J	J	A	S	O	N	D
List (Sylt) (1)	16 m ü. M.	°C	0,8	0,4	2,3	6,4	10,8	14,2	16,4	16,6	14,2	10,0	5,9	3,0
	55° 1' N / 8° 25' O	mm	48	35	31	34	40	42	65	88	79	76	60	53
Schleswig (2)	43 m ü. M.	°C	–0,0	0,1	2,3	6,5	11,0	14,5	16,5	16,0	13,1	8,8	4,9	1,9
	54° 32' N / 9° 33' O	mm	69	56	43	54	56	59	83	97	81	83	68	65
Kiel (3)	7 m ü. M.	°C	0,4	0,5	2,8	7,0	11,4	15,1	17,1	16,7	13,8	9,4	5,4	2,4
	54° 20' N / 10° 6' O	mm	61	53	39	44	48	58	83	91	69	69	55	56
Heide (4)	14 m ü. M.	°C	0,1	0,2	2,8	7,0	11,7	15,0	16,9	16,5	13,5	9,0	5,0	2,0
	54° 12' N / 9° 6' O	mm	62	52	41	53	56	60	95	101	88	84	69	62
Helgoland (5)	4 m ü. M.	°C	2,2	1,7	2,9	6,2	10,3	13,8	16,3	17,0	15,3	11,2	7,5	4,7
	54° 11' N / 7° 54' O	mm	54	43	35	39	43	44	81	89	80	82	63	55
Greifswald (6)	2 m ü. M.	°C	–1,0	–0,6	2,4	7,1	12,3	16,1	18,1	17,7	14,4	9,2	4,5	1,0
	54° 6' N / 13° 27' O	mm	40	33	30	39	45	55	69	55	59	51	36	41
Norderney (7)	13 m ü. M.	°C	1,4	1,6	3,7	7,2	11,0	14,4	16,8	17,1	14,9	10,6	6,3	3,2
	53° 43' N / 7° 9' O	mm	58	42	40	41	43	49	78	80	80	78	72	59
Hamburg-Fuhlsbüttel (8)	14 m ü. M.	°C	0,0	0,3	3,3	7,5	12,0	15,3	17,0	16,6	13,5	9,1	4,9	1,8
	53° 38' N / 10° O	mm	57	47	38	52	55	64	82	84	61	59	57	58
Lingen (9)	21 m ü. M.	°C	1,3	1,7	4,6	8,5	13,0	16,0	17,4	17,0	14,1	9,8	5,7	2,8
	52° 31' N / 7° 19' O	mm	69	58	47	52	54	60	93	90	69	65	68	64
Berlin-Dahlem (10)	51 m ü. M.	°C	–0,6	–0,3	3,6	8,7	13,8	17,0	18,5	17,7	13,9	8,9	4,5	1,1
	52° 28' N / 13° 18' O	mm	43	40	31	41	46	62	70	68	46	47	46	41
Potsdam (11)	81 m ü. M.	°C	–1,1	–0,3	3,3	8,3	13,4	16,8	18,4	17,7	14,2	8,9	4,2	0,7
	52° 23' N / 13° 4' O	mm	44	39	32	42	47	66	71	71	45	47	46	40
Magdeburg (12)	79 m ü. M.	°C	–0,5	–0,1	4,0	8,8	13,4	16,4	18,5	18,3	14,9	9,7	4,8	1,2
	52° 6' N / 11° 35' O	mm	36	31	29	35	49	58	64	57	38	43	40	33
Münster (13)	64 m ü. M.	°C	1,2	1,6	4,8	8,6	12,8	15,8	17,4	17,1	14,2	9,7	5,7	2,6
	51° 38' N / 7° 36' O	mm	66	56	42	50	50	60	87	76	58	57	60	56
Brocken (14)	1142 m ü. M.	°C	–4,6	–4,7	–2,0	1,2	5,7	9,1	10,8	10,7	7,9	3,6	–0,3	–3,0
	51° 48' N / 10° 37' O	mm	158	126	94	105	96	115	143	117	105	122	115	126
Essen (15)	154 m ü. M.	°C	1,5	1,9	5,3	8,9	13,1	16,0	17,5	17,3	14,6	10,0	5,8	2,8
	51° 24' N / 6° 58' O	mm	73	63	47	61	63	75	86	90	66	67	72	66
Dresden (16)	246 m ü. M.	°C	–1,2	–0,7	3,2	8,2	13,0	16,5	18,1	17,8	14,4	9,1	4,3	0,4
	51° 7' N / 13° 41' O	mm	38	36	37	46	63	68	109	72	48	52	42	37
Erfurt (17)	315 m ü. M.	°C	–1,6	–0,8	2,8	7,5	12,1	15,5	17,3	16,5	13,1	8,0	3,8	–0,1
	50° 39' N / 10° 58' O	mm	33	31	28	34	58	67	71	55	46	45	34	30
Köln-Wahn (18)	68 m ü. M.	°C	1,2	1,8	5,2	9,2	13,4	16,7	18,2	17,5	14,5	9,8	5,7	2,5
	50° 52' N / 7° 5' O	mm	51	47	37	52	56	83	75	82	58	54	55	51
Aachen (19)	202 m ü. M.	°C	1,8	2,2	5,6	8,9	12,9	16,0	17,6	17,2	14,5	10,1	6,0	3,1
	50° 47' N / 6° 6' O	mm	72	59	49	63	67	77	75	82	68	64	67	62
Heidelberg (20)	112 m ü. M.	°C	1,3	2,4	6,7	10,7	15,0	18,1	19,8	19,0	15,8	10,6	6,1	2,4
	49° 25' N / 8° 42' O	mm	66	52	45	61	73	90	87	90	65	62	60	55
Öhringen (21)	276 m ü. M.	°C	–0,3	0,9	5,0	9,1	13,4	16,6	18,2	17,5	14,3	9,2	4,6	1,0
	49° 12' N / 9° 31' O	mm	67	60	47	56	69	99	88	82	68	62	64	53
Karlsruhe (22)	114 m ü. M.	°C	0,8	1,8	6,0	10,1	14,4	17,7	19,5	18,6	15,2	9,8	5,3	1,7
	49° 1' N / 8° 23' O	mm	66	56	43	59	66	84	76	80	66	56	57	52
Stuttgart-Hohenheim (23)	401 m ü. M.	°C	–0,8	0,4	4,5	8,5	12,7	15,8	17,6	17,0	13,9	8,6	3,9	0,3
	48° 42' N / 9° 12' O	mm	46	39	38	49	73	92	80	75	64	47	46	38
Tübingen (24)	370 m ü. M.	°C	–0,7	0,5	4,5	8,6	13,0	16,2	18,0	17,2	14,0	8,8	4,1	0,3
	48° 31' N / 9° 3' O	mm	47	41	39	50	76	101	88	83	80	50	47	39
Ulm (25)	522 m ü. M.	°C	–2,5	1,1	3,2	7,6	12,1	15,3	17,0	16,3	13,0	7,4	2,6	–1,2
	48° 23' N / 9° 58' O	mm	49	43	40	44	77	101	110	81	68	52	47	42
Freiburg (26)	269 m ü. M.	°C	1,1	2,1	6,3	10,3	14,5	17,7	19,4	18,8	15,6	10,1	5,4	1,9
	48° N / 7° 51' O	mm	61	53	53	62	81	112	101	101	91	66	69	52
Feldberg (27)	1486 m ü. M.	°C	–4,3	–4,1	–1,2	1,4	5,8	9,0	10,8	10,7	8,4	4,0	0,3	–2,8
	47° 42' N / 8° O	mm	163	154	116	111	126	164	164	170	147	144	152	120

Bildquellenverzeichnis

Action press, Hamburg (Ringier DZ): 71 M6; Anders, U., Braunschweig: 97 M4; Arend, J., Hamburg: 66 M1, M2, M3, 67 M8, M9; Augst, H.-J., Kiel: 71 M4, M5, 74 M3; Axel Springer Verlag, Hamburg: 75 M4 (aus: Wir und unsere Welt, hrsg. vom Bundesumweltministerium); BASF, Ludwigshafen: 108 M1, 109 M4; Bavaria Filmstadt GmbH, Geiselgasteig: 133 M3; Bavaria, München: 8 M1(Bognar); Big Shots, Aalen: 14 M1 (Reinhardt); Bildagentur Huber, Garmisch-Partenkirchen: 40 unten; Bildarchiv Werner Otto, Oberhausen: 61 M2; Bilderberg, Hamburg: 11 Abb. E (WPS), 100 M4 u.r. (Blickle), 101 unten l. (Horacek); BMW AG, München: 132 M2; Böttcher/Sander, Berlin: 106 M2; Brants, E., Paderborn: 118 M2; Christoph & Friends, Essen: 148 M1 (Meyer); Claas, Harsewinkel: 85 unten; CMA, Bonn: 85 o.r.; Dailysoft, Berlin: 145 M3; Demmrich, A., Berlin: 9 M4; dieth + schröder fotografie, St. Johann: 100 M3; Dimpfl, H., Erlangen: 59 M4, 60 M3; DLR, Oberpfaffenhofen: 16/17, 18 M1; dpa, Frankfurt/Main: 11 Abb. C, 18 M1, 72 M2 (Klar), 76 M1 (Agence France), 81 M5, 127 M3; Druwe & Polastri, Cremlingen: 13 M3; Dürener Stadtplanverlag, Düren: 15 M2; Eck, T., Berlin: 69 M3; Eckert-Schweins, W., Ingolstadt: 6/7, 11 Abb. B; Faber-Castell, Stein: 134 M3, 135 M5; Falk, D., Braunschweig: 69 M2; Fiskeri-og Søfartsmuseet, DK-Esbjerg: 74 M1 (Tougaard); Fotoatelier Federau, Hamburg: 41 unten; G. u. E. v. Voithenberg, München: 130 M2; Geis, G., Köln: 123 M5, 125 M3, M4; Geologisches Landesamt NRW, Krefeld: 96 M2 (Windges); Germanisches Nationalmuseum, Nürnberg: 31 M4; Gesellschaft für ökologische Forschung, München: 51 M4 (Baumeister); GPS GmbH, Gräfelfing: 30 M1; Hähnel, K., Mintraching: 127 M4 links, 127 M4 rechts; Harrer, H., FL-Vaduz: 9 M6; Herbert Schlemmer Bildjounalist, Berlin: 114/115; Herbert, Ch.W., USA-Tuscon: 23 M4; Hofbauer, G., Erlangen: 63 M6; Hoh, E., Leutkirch: 98 M2, 112 Abb. 3; HOLMER GmbH, Eggmühl: 95 M3; Holzner, R., Donaustauf: 141 M1; i.ma., Bonn: 84 o.l., 84 o.r., 84 u.l. (Schiffer), 84 u.r. (Kopetzky), 85 Mitte, 85 o.l. (Schiffer), 105 M4, 112 Abb. 2; IFA-Bilderteam, Ottobrunn: 11 Abb. A, 41 oben, 43 M3 (Kopetzky), 43 M5 (Breig), 73 M3 (Eckhardt), 147 M6, (Titel (Koch)); Jo Scholten Bildjounalist, Nettetal: 131 M4; Kappl, C., Waldkirchen: 86 M2, 88 M2, 89 M5, 89 M5 r., 89 M7, 103 M5, 112 Abb. 5; Keipert, C., Karlsruhe: 47 M4; Kirschen, G., Waldkirchen: 61 M3, 83 Abb. C; Kreuzberger, N., Lohmar: 44 M2, 63 M5; Kronfeldner, H., Nittendorf: 109 M3; Kutter, R., Marzling: 65 M4; Lade Fotoagentur, Frankfurt/Main: 80 M1 (Breig), 119 M3; Landesamt für Naturschutz und Landschaftspflege Schleswig-Holstein, Kiel: 74 M2 (Thiessen); Landesbildstelle Baden, Karlsruhe: 83 Abb. B; Landesmedienzentrum Rheinland-Pfalz, Koblenz: 60 M2; Lavendelfoto Pflanzenarchiv, Hamburg: 73 M6; Legoland Deutschland, Günzburg: 91 M4; Lotus Film, Kaufbeuren: 21 M3; Luftbildarchiv, Kasseburg: 78 M2, 83 Abb. A; Luftbild-Bertram, Haar b. München: 94 M2; Lüttecke, J., Münster: 126 M2; Mauritius, Mittenwald: 52 M2 (Reichart), 58 M1 (Thonig), 80 M3 (Rossenbach), 80 M4, 101 unten r. (Rossenbach), 104 M2 (Lehn), 112 Abb. 1 (Rossenbach), 112 Abb. 4, 120 M3 (Messerschmidt); Mitsubishi Motors, J-Tokio: 30 M3; Müller, H., Fürth: 44 M1, 45 M3, 45 M4; Muuß, U., Altenholz: 73 M4; NASA-Foto: 20 M2; Nebel, J., Karlsruhe: 11 Abb. F, 124 M1; OKAPIA, Frankfurt/Main: 51 M3 (Dr. Eric Dragesco); Olympiapark München GmbH, München: 131 M3; Otto, W., Oberhausen: 28 M3; Pauly, F., Wiesbaden: 13 M5, 123 M2, 123 M6; Picture Press, Hamburg: 76 M2 (Gebhardt/STERN), 149 M4 (Ullal); Priesmeier, K., Baldham: 53 M3; Rager, G., Kißlegg: 43 M4; Reichmann, C., Ingolstadt: 129 M5, 136 M3, 137 M6, 147 M3, 147 M4, 147 M5; Rheinisches Mineralienkontor GmbH, Bonn: 49 Abb. o.r.; Rössler, W., Altendorf: 87 M4; Schmidt-Vogt, B., Hannover: 10 M1; Schönauer-Kornek, S., Wolfenbüttel: 12 o.l., 38/39, 82/83, 112/113, 150/151; Schuster, Oberursel: 8 M3; Silvestris, Kastl: 40 oben (Heine), 75 M5; Six, R., Karlsruhe: 23 M3; Stadt Regensburg – Amt für Städtebauförderung und Wohnungswesen: 121 M4, 121 M5; Stadt Regensburg – Fremdenverkehrsamt: 120 M2 (Ferstl); STATTBAU Stadtentwicklungsgesellschaft mbH, Berlin: 144 M2, 145 M4; Thaler, U., Leipzig: 46 M1, 122 M1, 123 M3; The Image Bank, München: 9 M7 (Rossi); Tierbildarchiv Angermayer, Holzkirchen: 11 Abb. D; Touristik Marketing, Hannover: 8 M2, Tourist-Information Steigerwald, Scheinfeld: 64 M2, 64 M3; Verwaltungs-Verlag, München: 138 M1 (Lizenz-Nr. 02/09/91); vividia, Puchheim: 43 M2 (Echardt); Walenta, C., Unterschleißheim: 29 M5, 29 M6;

Dieses Buch enthält Beiträge von Matthias Baumann, Dr. Norma Kreuzberger, Prof. Dr. Jürgen Nebel, Friedrich Pauly und Dr. Diether Stonjek.

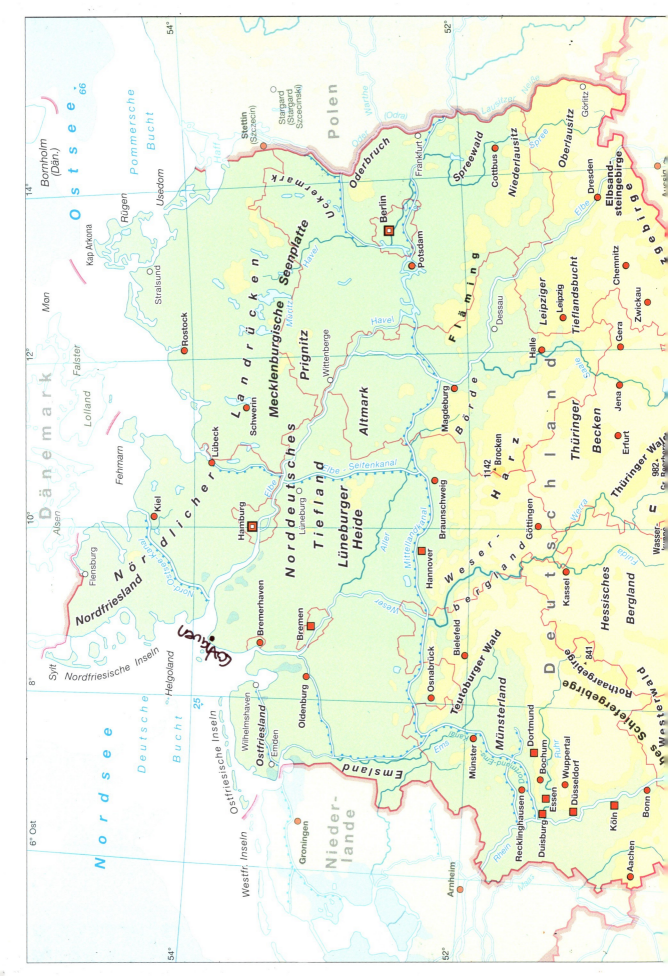